아파트키드

득구

아파트키드 득구

고층 아파트 주거 문제

이일균 지음

산지니

차례

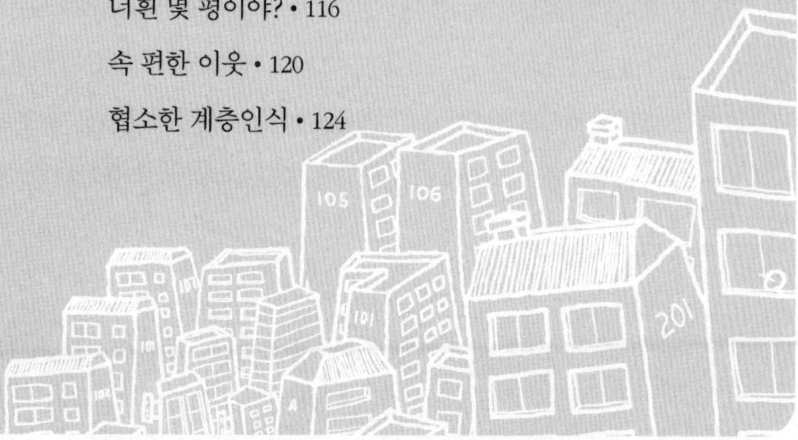

105
106
201

105
106
107
101
101
102
201

■ 들어가며

지난 10월 1일 오전, 많은 사람들이 동작을 멈췄다. 그들은 하나같이 방송의 화재 보도 앞에 얼어붙은 듯 섰다. 38층 초고층주상복합인 부산 해운대의 우신골든스위트 화재 보도였다. TV 앞에서 꼼짝 않고 서 있었던 것은 버럭 씨도 마찬가지였다. 그렇지 않아도 아파트문제 하면 자다가도 벌떡 일어나는 사람이니까.

처음에 갈피를 잡지 못하고 중언부언하던 앵커나 기자도 시간이 점차 흐를수록 초점을 잡아나갔다. 초점은 단연 '왜 그렇게 빨리 불이 번졌는가' 였다. 4층 발화지점인 미화원 작업실에서 38층 펜트하우스를 거쳐 옥상까지 불이 번지는데 불과 20분여 분밖에 걸리지 않았다. 결정적 원인이 곧 밝혀졌다. 아파트 전면에 부착된 황금색 외장재, 즉 알루미늄 패널 때문이었다. 시각적 효과에다 단열기능까지 갖춘 이 패널이 화재에는 치명적 약점을 갖고 있었다. 2007년 5월 창원 중앙동의 영화관, 2008년 서울 강남구의 18층 빌딩 등 같은 원인에 의해 불과 10~20분 만에 전 층으로 급속히 불이 번졌던 사례들이 속속 소개됐다. 이후 보도의 초점도 소방방재청의 초고층 화재진압 매뉴얼 부족문제와 함께 이 외장 패널의 문제에 맞춰졌다.

단지 그것뿐이었을까. 아파트 주거 문제 전문가를 희망하는 버럭 씨는 화재건물이 초고층주상복합이라는 사실에 주목했다. 화재 확산을 막아주는 기능으로 설계된 발코니가 주상복합건물에서는 아예 확장돼버리는 것이다. 점화를 지연시키는 효과가 있는 발코니가 아예 배제된 현실이 어디 주상복합뿐인가. 이는 2006년 삼성방재연구소와 한국건설기술연구원이 시도했던 발코니가 있는 아파트와 발코니 확장 아파트의 비교 실험 결과는 놀라웠다.

발코니를 확장한 아파트의 경우 1층에서 2층으로 불이 번지는 속도가 4분이었던 반면, 발코니가 있는 아파트는 10분 이상 시간이 걸렸는데도 불이 완전히 2층으로 확산되지 못했다. 당시 연구 관계자는 "발코니는 자동차의 브레이크 역할을 한다고 보면 된다"면서 "발코니를 확장한 아파트는 브레이크

화재가 난지 한 달 정도 지난 10월 31일
부산 해운대 우신골든스위트 주상복합의 전면

없는 자동차가 달리는 셈"이라고 비유했다.

화재의 원인과 확산 다음으로 초점이 잡혔던 것이 인명피해 부분이었다. 다행히 가벼운 질식 외에는 큰 피해가 없었다. 무엇보다 이 건물의 화재대비 체제와 대피경로가 궁금했던 버럭 씨는 우신골든스위트 화재에 대한 비상대책위 홍순헌 위원장에게 그 이유를 물었다.

"옥상으로 올라가 헬기로 구조됐던 9명 외에는 전원 비상계단을 통해 아래로 대피했어요. 일반계단과 별도인 비상계단과 환기창이 연기의 확산을 막고 주민들이 대피하는 데 결정적 역할을 했습니다."

"평소에 비상계단으로 통하는 방화문이 닫혀 있기 때문에 화재로 인한 연기와 가스가 비상계단과 차단됐다"는 것이다. 그러나 10층 이상 고층 아파트에는 방화문을 아예 열어두고 사는 곳이 대부분이다. 교육이나 훈련이 없으니 그게 방화문인지 모르는 경우도 허다하다. 건축법이 16층 이상 모든 아파트에 방화문 설치를 의무화하고, 이를 열어두고 있는 경우 최고 100만 원의 과태료를 부과한다지만 지나가는 소리에 불과한 현실이다.

문제는 더 큰 데 있다. 이들이 건물 위나 아래로 대피하는 통로가 보통 하나뿐이라는 사실이다. 화재를 감지한 주민들은 그 지점에 따라 올라갈 것인지, 내려갈 것인지 결정할 수밖에 없는데 우신골든 역시 대피경로는 비상계단 하나밖에 없었다. 건물 안팎의 압력차에 따른 굴뚝효과, 즉 연기나 가스가 급상승, 급강하하는 현상으로 인해 승강기나 일반계단을 이용할 수 없는 것은 상식이다. 따라서 대피로는 최소 2개 이상 확보돼야 한다.

일본은 대부분의 건물에 2방향 대피경로를 확보하게 한다. 비상계단과 발코니가 그것이다. 발코니에 옆집이나 아래, 윗집으로 통하는 대피통로를 마련하고 있다. 이에 비해 한국은 지난 2005년 건축법 시행령 개정으로 끝내 발코니 확장을 허용하면서 화재의 확산을 부채질하는 한편, 발코니와 비상계단 등 2방향 대피체계의 구축도 포기해버렸다. 이와 관련해 대한건축학회 부산울산경남지회는 우신골든스위트 화재 직후 "초고층 건물과 병원, 장애인시설은 발코니 확장을 제한해야 한다"는 요지의 성명을 발표했다.

화재현장 보도를 보던 버럭 씨가 뒤에 입주민 비상대책위원장에게 확인까지 했던 것은 아파트 주거에 대한 근본적 문제의식 때문이다.

"사람들도 안 다치고 진화가 됐다는데 왜 그래?"

아내가 반박하자 기다렸다는 듯 대꾸했다.

"남 일이 아니잖아? 우리 아파트를 봐. 20층짜린데 평소에 방화문도 닫지 않고, 비상계단도 비워두지 않잖아? 1층에 2중 주차까지 해버리면 불이 나도 소방차는 아예 못 들어오는 상황이잖아."

"그럼 당신이 가서 관리실에 이야기를 하던지."

"…."

아파트 벽 사이에 낀 것처럼 소심한 버럭 씨.

그렇게 알면서도 실천하지 못하고, 나름 아파트 주거 상식만 차곡차곡 쌓아가며 반포기 상태로 아파트에서 살아간다. 하지만 이젠 버럭 씨에게 체질이 돼버린 아파트 비판 버릇까지 막을 수는 없다.

특히 아파트에서 태어나고 자란 열 살, 여섯 살 두 아이의 성장에서 스멀스멀 움직이는 아파트의 마수를 그는 본다.

"득구야."

"왜, 아빠?"

"너는 친구도 없어? 왜 밖에 나갈 생각을 안 해?"

"친구는 학교 가야 있잖아?"

"아파트엔 없어?"

"없어. 말 걸지 마. 지금 게임하고 있단 말이야!"

머쓱해진 버럭 씨, 감정을 누르고 분석작업에 들어간다. 아파트 주거가 아이들의 정서와 성장에 미치는 영향을 연구하는 것이다. 물론, 기자라는 직업도 관련 취재를 하는데 충분히 도움이 됐다.

버럭 씨가 아파트에서 사는 사실 자체에 대해 고민하기 시작한 개인적 동기도 있다. 부끄러운 기억이지만, 7~8년 전 아파트 단지 안에서 길을 잃어버렸던 적이 있었다.

어느 술 취한 겨울밤, 버럭 씨는 아파트 단지 안에서 자기가 사는 아파트 동을 잃어버렸다. 만취해서 길을 헤맸던 한 시간 가량의 기억. 그때 잔영이 버럭 씨에겐 지금도 남아 있다. 사방 어느 쪽도 뚫려 있지 않은 거대한 벽. 갈 길은 물론, 방향감각조차 사라졌다.

"내가 이 미로를 뚫고 나갈 수 있을까?"

조금씩 정신을 차리기 시작한 버럭 씨에게 든 생각은 그것뿐이었다.

그때부터 버럭 씨는 심야에 보는 아파트가 무서워졌다. 거대한 벽에 어쩌면 질식할 수 있다는 섬뜩함….

결국 버럭 씨는 아파트를 유심히 들여다보고, 틈날 때마다 쓰기로 했다. 틈만 나면 심야에 접어들 무렵의 시각에 아주 맑은 정신으로 아파트의 단지와 단지 사이 빈 공간에 앉았다. 마치 고층의 공기가 휘감기는 듯한 느낌, 수백 수천의 가구마다 흘러나와 졸졸졸 무리를 짓던 소리를 접했다.

그때 버럭 씨는 자신이 아파트 밖에 있다고 생각했다. 아니, 그 밖에 있으려고 했다. 그 일로 버릇 같은 것도 생겼다. 자신이 접하는 여러 문제의 근원 중의 하나로 아파트를 지목하기 시작한 것이다. 가령, 사람이 가질 만한 풍부한 정서와 개성의 형성에 아파트가 결정적 걸림돌이 된다는 식이었다. 이미 형성된 정서와 개성을 막아버리는 존재로 느껴지기도 했다.

법정스님의 산문 '제비꽃은 제비꽃답게' 구절만큼 당시 그의 생각을 잘 전달할 수 있을까.

> 그것들은 우리들의 빛깔을 빼앗고 얼을 앗아간다. 사고의 힘과 가치에 대한 판단력을 흐려놓는다. 맹목적이고 범속한 추종은 있어도 자기 신념을 갖는 것은 어렵게 하고 있다. 이렇게 해서 우리들은 서로 닮아간다. 주택단지의 집들처럼 그놈이 그놈 같다. 동작뿐 아니라 사고까지도 개성 없이 모

두 닮아간다. 이쯤 되면 고유명사는 차라리 거추장스럽다. 일련번호나 보통명사로써 우리들의 호칭을 대신해도 불편하지 않을 것이다.

2010년 10월

01

아파트 화재 대책

204
203
105
106
101
201
1004

아파트 화재 대피상식

부산 우신골든스위트 화재를 계기로 초고층 아파트 대피상식이 새삼 강조된 것은 물론이다. 문제는 하나하나의 상식들이 지극히 기본적임에도 불구하고 이에 따르지 못하는 우리 현실이 소름끼칠 정도라는 것이다.

사고 직후 한 재난대비 관계자의 발언은 현실을 여실히 드러낸다.

"지금 시스템으로는 소방 고가사다리가 도달할 수 없는 15층 이상에 사는 주민들은 스스로의 힘으로 살아남아야 합니다. 나름대로 탈출법과 응급처치법을 스스로 숙지하지 않으면 안전을 보장받을 수 없죠."

100층 이상 건물이 속속 들어서는 시대에 우리의 안전시스템과 의식은 15층 높이의 고가사다리 수준에 머물고 있다는 이야기다. 15층 이상의 경우, 만약의 사태에 대비해 각 가정에 방독면을 비치해둘 필요가 있다는 제안은 낯설지만 충분히 설득력 있게 들린다.

아파트 재난에 대비한 피난시설과 경로 등을 취재하기 위해 버럭 씨는 2010년 1월 김해시 진영읍의 아파트 단지를 찾았다. 16개 동 970여 가구 규모의 ㄱ아파트와 11개 동 953가구의 ㄴ아파트, 17개 동 1,382가구의 ㄷ아파트 등이 모인 대규모 아파트 단지다.

옥상 등 화재 피난경로가 확보돼 있는지, 각 가구마다 비치돼 있는 소화 설비는 어떤지 알아봤다. 대부분 아파트 입구 출입이 통제되어 조사가 쉽지 않았다.

우선 ㄷ아파트 102동 18층의 옥상 입구.

대부분의 아파트가 그런 것처럼 이곳 아파트의 옥상문도 잠겨 있었다. 입구에 붙여놓은 '피난 · 방화시설 관리유지 조치 안내' 가 인상적이었다.

- 방화시설 폐쇄(잠금까지 포함)나 훼손 시–1차 50만원, 2차 100만원, 3차 200만원 벌금
- 계단복도 및 비상구 물건 적치, 장애물 설치 시–1차 30만원, 2차 50만원, 3차 100만원
- 소방훈련 및 교육 미이행 시–과태료 200만원
- 방화관리자 업무 미이행 시–과태료 200만원
- 소방차 출동 방해 시–5년 이하 징역 및 3,000만원 이하 벌금

조치안내문 내용대로라면 옥상출입문은 언제나 개방돼 있어야 한다. 또 각 아파트마다 소방훈련과 교육 또한 이뤄져야 한다. 문제는 엄연히 관련법에 규정을 정해놓고도 이행되지 않는다는 점이다. 도대체 이를 어떻게 개선해나갈까?

이어 들어간 ㄱ아파트 403동 15층 옥상.

역시 옥상문은 굳게 잠겨 있었고 이렇게 써 붙어 있었다.

화재발생 시는 열쇠를 파손한 후 대피공간으로 사용하십시오.

글을 읽고 다시 보니 열쇠가 아주 자그마했다. 303동 17층 옥상 역시 '옥상대피소' 라는 이름만 붙여놓은 채 문은 잠겨

있었다.

버럭 씨는 단지가 끝나는 지점 인근에 있는 진영소방서에도 들렀다. 소방관 한 분과 대화할 수 있었다. 처음엔 사다리차에 대해, 나중엔 고층 아파트의 대피경로에 대해서 이야기를 들었다.

"사다리차는 차폭이 한 2미터 정도 되는데, 양쪽으로 1미터씩 더 확보돼야 들어갈 수 있습니다. 그리고 5~6층 정도까지만 쓸 수 있습니다. 그보다 더 높은 고층에서는 옆 세대와 통하는 방호벽을 활용하는 편이 낫습니다. 보통 합판으로 돼 있는데, 평소에 통로를 확보해두어야 비상시에 활용할 수 있죠."

발코니를 통한 옆 가구와의 대피경로는 문제다. 4층 이상 아파트의 경우 이처럼 옆 가구와의 경량구조 경계벽이 있는데도 이를 제대로 알리지 않아, 입주민들이 아예 모르는 경우가 많다. 대부분 수납공간으로 활용돼 물건이 쌓여 있거나 수납가구, 에어컨실외기 등이 설치되어 있어 비상시에 제구실을 할 수 없다. 물론, 발코니를 확장한 경우나 요즘 주상복합처럼 발코니 없이 건축되는 경우 아예 이 대피통로는 없다. 진영읍 소방관께서 덧붙였다.

화재 때 옆집으로 대피할 수 있는 발코니창고 쪽 통로의 현실

"고층 아파트엔 소화전이 큰 역할을 합니다. 보통 복도에 방수용기구라고 소방호스가 설치돼 있습니다. 작은 불에는 소화기를 쓰고, 좀 더 큰 불에는 이 호스를 활용할 수 있도록 해야 합니다. 불을 끄거나 대피 전에 온몸을 적시는 역할도 합니다. 제가 경험한 바로는 아파트는 옆집이나 아래, 윗집으로 불이 삽시간에 번지는 경우는 많이 없거든요. 침착하게 대응을 하면 됩니다."

메모를 끝내면서 버럭 씨는 생각했다.

'아파트 단지마다 이를 정기적으로 알리고 훈련하는 체계가 되지 않는 한, 이 규정은 소용없어!'

일본의 2방향 대피경로

그렇다면 일본의 2방향 아파트 대피경로는 과연 어떨까?

버럭 씨는 지난 2007년 10월 일본의 아파트 취재를 위해 도쿄를 찾았다. 그때 취재초점 중의 하나가 아파트 재난에 대한 대피시설과 대피경로였다. 다행히 취재 전에 도쿄의 아파트 건축 · 재건축 전문회사인 UR도시재생기구와 연결됐다.

그전에 버럭 씨는 2006년 부산MBC가 보도했던 초고층 아파트 재난 기획 〈섬〉을 취재에 참조했다. 당시 〈섬〉 취재팀은 일본의 소방관계자들을 만나, 일본의 고층 건축물에 일반화돼 있는 2방향 대피시스템에 대해 상세히 소개했다.

버럭 씨의 취재도 비슷했다. UR도시재생기구의 홍보 담당자인 도다 씨는 버럭 씨 일행을 도쿄 추오구 쓰키시마지구 68㎡형 아파트와 44㎡형 아파트 현장으로 안내했다.

두 곳은 발코니 쪽 대피시설이 완벽했다. 옆 세대와 통하는 발코니벽은 물론, 우리에게는 낯선 피난계단이 돋보였다. 피난계단의 일본 발음은 '피낭하치'.

발코니 가운데에 맨홀 뚜껑을 연상시키는 정사각형 금속판이 있었고, 도다 씨가 힘을 들여 금속판을 들어 올렸더니 구멍 사이로 아래층 발코니가 보였다. 그때 도다 씨가 뭔가 눌렀더니, '좌아악' 하면서 비상계단이 아래로 흘러내렸다. 재난이 발생했을 때, 계단을 타고 내려가는 것이다. 고개를 끄덕거리다가, '이거, 뭔가 악용될 일은 없을까' 싶었다. 물었더니 도다 씨가 빙그레 웃으면서 답했다.

"제가 알기로는 그런 일은 없었습니다. 피난계단을 법적으로 의무화한 지 40년이 넘은 지금까지요."

발코니가 대피시설 역할을 톡톡하게 하는 셈이다.

그런데 한국의 아파트 현실은 어떤가. 오히려 거실을 확장하고 발코니를 없애버리는 추세 아닌가. 요즘 주상복합은 애초 지을 때부터 발코니가 없다. 발코니가 있는 상태와 발코니

아래층 발코니로 통하는 일본의 피난계단, 피낭하치가 발코니 중앙에 설치돼 있다

를 거실로 통합한 상태의 화재점화 속도 실험은 그래서 더욱 시사하는 바가 컸다. 실험 결과, 발코니가 없는 아파트가 3배 이상 화재점화 속도가 빨랐던 것이다.

결론을 요약하자.

우선, 일본은 대피시설의 개념이 '2방향 대피체계' 로 확정돼 있었다. '현관–방화문–비상계단, 혹은 비상 승강기' 로 통하는 1방향 대피에다, 아파트 발코니를 통한 또 하나의 대피체계가 있었다. 반면, 한국의 아파트는 현실적으로 주민이 인식하고 있는 현관 쪽 1방향 대피체계에 그친다. 물론, 한국의 아파트에도 발코니 한쪽 벽을 부수고 옆 세대로 대피하는 시설이 있다. 하지만 이를 제대로 알리거나, 재난 때 실행할 수 있게 하려는 노력은 부족하다. 과연 아는 주민이 몇 명이나 될까 싶을 정도다.

창원 한 아파트 화재

2009년 6월 7일 새벽에 발생한 창원시 도계동 ㄷ아파트 화재는 그 장소가 5층 아파트라는 점과 발화추정시간 후 30분도 되지 않아 일가족 4명이 사망했다는 점에서 아파트의 전반적인 화재대비 취약성을 그대로 드러냈다. 특히 평소에 익숙해져 있어야 할 대피경로 문제와 소방관들의 아파트 화재진압 매뉴얼 측면에서 뚜렷한 점검계기가 됐다. 새벽 4시 15분경 진화된 이 화재로 아파트 맨 위층인 5층에 살던 정모(당시 45세) 씨 등 일가족 4명이 모두 숨졌다.

이후 2~3일간 모든 매체의 뉴스들이 이 사고로 왜 4명이나 사망해야 했는지에 초점을 맞췄다. 경찰 추정 발화 시간이 3시 55분이었던 점을 감안할 때, 주방 천장과 거실 일부만 탄 채 단 20여 분 만에 진화된 화재치고는 사망자가 많았던 것이다.

특히, 발코니 쪽 안방 창문을 열고 5분 넘게 구원을 요청하다가 끝내 창문 밖으로 뛰어내려 숨진 부인 이모(당시 41세)씨의 죽음을 두고는 소방관의 구호 활동에 비난이 빗발쳤다. 밑에서 빤히 보고 있으면서도, 매트리스를 까는 등의 기본적 구호활동을 왜 하지 않았는가가 주된 지적이었다.

초기엔 사다리차가 왜 현장에 근접하지 못했는지, 현장목격 주민들의 증언을 바탕으로 한 언론 보도도 잇따랐다. 현장 주변에 있던 4~5대의 소방차에 막혀 인명 구조를 위해 당장 급했던 사다리차가 오히려 접근하지 못했다는 내용이었다.

이런 지적을 받자 창원소방서는 언론의 취재 하에, 사다리차의 현장 접근 실험을 하기도 했다. 결국 현장 주변에 얽히고설킨 전기선으로 인해 사다리차의 접근이 불가능하다는 사실이 밝혀졌다. 처음부터 이 아파트는 전기선으로 인해 소방차의 화재진압 자체가 불가능했다는 것이다. 결국 이 사고 보도의 끄트머리에는 본질적 문제보다 소방관의 미흡했던 구호활동, 특히 매트리스를 구비하지도, 설치하지도 못했던 점에 문제가 모아졌다.

문제의 근원이 도외시된 채 묻혀버리는 비극의 과정에 불만이었던 버럭 씨가 어느 정도 시간이 지난 후 사고현장을 찾았다. 여전히 5층 언저리에서 불 냄새가 났다. 5층 계단 곳곳에는 검은 자국이 스며 있었다. 초인종 옆에 붙어 있어야 할 수도검침 기록표가 아예 없었다. 사망한 정씨 가족이 직접 적었을 기록표도 없었다. 사람이 살지 않는다는 의미일 것이다. 월별 기록표가 띄엄띄엄 기록된 맞은편 집 기록에서도 사고의 상처가 읽혔다. 순간 버럭 씨는 사고 당시 알려졌던 집 안 상황을 상기했다.

소방관들이 문을 따고 들어갔던 04시 15분경에 현관의 안쪽 입구에서 남편 정씨가 질식사한 채 발견됐다. 안타깝게도 바로 직전에 부인 이씨는 안방의 창문을 통해 뛰어내렸다. 당시 고1인 아들과 중2인 딸은 각각 자신의 방에서 역시 질식사한 채 발견됐다. 발화 지점은 부엌 쪽의 거실. 밥솥 등이 올려진 여러 단의 이동선반의 전기누전으로 불이 났다는 것이 사고 직후 창원소방서 대응구조과장 등 6명의 현장조사 자료를 바탕으로 국립과학수사연구소가 내린 결론이었다.

주방 천장이 주로 소실됐고, 다단 선반 옆 기둥에 묶어놓은 멀티탭 전기배선에서 단락흔이 발견된 점으로 보아 전기배선에서 전기적 요인으로 발화했다는 조사개요가 나왔다. 창원소방서 대응구조과장은 "아파트가 오래됐고, 천장이 예전에 많이 썼던 짙은 색 합판재료로 돼 있어서 유독가스가 더 심했던 것으로 보였다"고 했다.

그러나 지금은 굳게 잠겨 있는 문, 거기다 새롭게 단장을 하면서 당시의 모습이 사라졌다는 점 등은 당시의 화인과 사인을 더 깊이 분석하지 못하게 했다. 이어 아파트 주민 몇 분과 차례로 찾아간 창원서부경찰서, 창원소방서 담당자들의 이야기를 들었다. 이야기가 확연하게 엇갈렸다.

먼저 같은 가동에 사는 60대의 여성 주민 ㄱ씨. 부드러운 외양이었지만, 이야기가 진전되자 곧장 욕설이 튀어나왔다.

"×××들! 그렇게 창문에 매달려 소리치는 대도 매트 하나 안 깔아주고… 아무리 입구에 차가 (주차를 해) 있어도 옆으로 소방차 대놓고 사다리를 쪼옥 올렸으면 안 살았겠나 말이다!"

가동 건물 지하의 가구점에서 올라온 ㄴ씨가 거들었다.

"사다리차는 저 밑에, 오렌지마트 앞에 안 있었소. 다른 소방차에 막혀 여기까지 오지도 못했지. 저거끼리 얽히고설켜서…."

하지만 창원소방서 대응구조과장은 아파트 주변 주차 차량 문제에 근본적 책임을 돌렸다.

"근본적으로 주차 차량이 지금처럼 도로에서 전부 다 집 안으로 들어가야 해요. 안 그러면 소방차가 접근할 수가 없어요. 물론, 출동했을 때 화재현장 주변 차량을 견인할 수 있다고는 법에 돼 있어요. 그렇지만 소방서에 견인차가 없는 상태에서 시간적으로, 공간적으로 어떻게 차량을 하나하나 견인하겠어요?"

사고 이후 매트리스가 보강됐는지 창원소방서에 물었다.

"예. 소방차량마다 거의 매트를 장착하고 다녀요. 그런데 한번 생각해보세요. 이 좁은 매트를 몇 개 붙여서 깐다고 해도 어떻게 여기에 뛰어내리라고 하겠어요? 그러다 사람이 다치면 누가 책임져요? 그런 점에서 더 안전한 게 4미터, 6미터짜리 구조망인데 그 사고 이후에 2개 더 보강했어요. 하지만 위험하긴 마찬가지죠."

소방차 진입 장애

결국 정씨 일가족은 바로 위층에 옥상을 두고서도 피난통로를 확보하지 못했다. 버럭 씨가 현장을 찾았던 그날, 옥상문은 굳게 잠겨 있었다. 고층이 아닌 5층인데도 인명구조용 사다리차가 접근하지도 못했다. 아파트 주변의 전기선 때문이었다. 현장을 목격한 주민은 진화용 소방차 또한 주차 차량으로 인해 화재건물과 가장 가까운 거리로 접근하지는 못했다고 했다.

이에 대해서는 우리 사회의 근본적인 주차문제라는 진단과 함께 진화에 장애가 되는 차량을 현장에서 즉각 견인할 수 있는 조치가 필요하다는 등의 대책이 제시됐다.

버럭 씨는 그래서 이 문제를 창원시 동읍과 김해시 진영읍 지역 아파트의 주차 현실을 조사하고, 관할 소방서를 찾아 실증해보았다. 동읍에서는 주로 소방차의 아파트 진입 문제를, 진영에서는 아파트 피난상식을 주로 조사했다.

우선 동읍의 ㄱ아파트.

720여 세대가 한 동으로 묶인 이곳의 지상주차는 바깥쪽 주차선 외에 주차선 병행주차, 건물 쪽 병행주차의 형태로 이뤄진다. 상대적으로 차량이 많은 일요일 아침, 주차된 차량 간격은 최소가 3m 30cm 정도였다.

"아! 이 공간으로 소방차가 들어올 수 있을까?"

이를 기준으로 양쪽에 두 곳 있는 아파트 입구를 살폈다. 경비실 쪽은 4m 이상으로 넓었고, 반대쪽 입구는 차량 한 대가 주차한 상태에서 노폭이 3m 80cm 정도 됐다. 가장 좁은 아파트 앞이 문제였다. 바로 동읍소방서로 갔다.

고참 소방관 한 분이 인터뷰에 응했다. 먼저, 화재현장에서 가장 활동이 많은 일반 소방차를 보여주며 설명했다.

"이 차가 화재현장에 가장 근접하는 차량입니다. 소방관들을 태우기도 하죠. 보시다시피 차폭이 2미터 정도 됩니다. 여

소방차 진입로가 최소 3미터 이상 확보되지 않으면 소방차는 아예 진입할 수 없다

기서 30센티미터 정도 더 확보되면 통행이 가능하죠. 그런데 커브를 도는 곡각지점은 여기서 1미터 정도 더 확보돼야 합니다. 그건 차체가 긴 사다리차도 마찬가집니다. 적어도 3미터 30센티미터는 돼야 한다는 거죠."

적어도 2m 30cm는 돼야 일반 소방차가 들어오고, 곡각지점이나 사다리차의 경우 3m 30cm는 돼야 한다는 이야기다.

이 분이 또 하나 확인해준 사실은 인명구조 목적으로 사용되는 사다리차가 창원소방서 등 일부에 한정돼 있다는 것이다. 만약 동읍에 출동할 경우, 최소 25분 이상 걸릴 수밖에 없는 상황이라고 했다. 어디에서는 전기선 때문에 사람 목숨을 구할 수 없는 사다리차, 또 어디에서는 아예 없어서 출동하는데 20분 이상 걸려야 하는 사다리차, 결국 사람 목숨을 살려야 할 사다리차 문제가 작지 않다는 것이다.

02

초고층 아파트,
알고 살아야죠!

204
203
105
106
101
201
1004

사람이 살 수 있는 높이

"나무가 자라는 높이 정도가 사람이 살 수 있는 높이죠!"

버럭 씨의 아파트에 대한 연구 과정은 일본의 도쿄까지 이어졌었다. 2007년 10월 도쿄 미나토구 토라노몽의 일본건축의학협회 사무실에서 이 말을 들었다. 이 단체가 건축과 그 속에 사는 사람들의 건강의 연관성을 연구하는 곳이라고 해서 찾았던 것이다. 황홀한 조명, 몽환적 분위기. 그 속에서 마츠나가 슈우가쿠 이사장이 말을 이었다.

"주거공간과 사무공간은 달라야 합니다. 인도에 이런 연구 결과가 있어요. 나무가 자랄 정도의 높이가 사람이 사는데 적합한 높이라는 거죠. 그 근거는 영어의 'Magnetic Power' 정도로 해석되는 지질, 지력입니다. 힘이 미칠 수 있는 범위라는 거죠. 사람이 거주하기에 가장 적합한 층수는 2~3층입니다. 콘크리트 자재의 초고층 아파트에 사는 분들은 그 자체의 건강장애 요인을 전제로 이를 완화하려는 노력을 해야 합니다. 벽에 나무를 붙이거나 침실에 나무나 화분을 배치하는 방법으로 자연을 끌어오는 거죠."

마츠나가 이사장은 이어 협회의 주된 활동을 소개했다.

"건축과 의료계, 주거학계 등이 망라된 회원들이 건축자재와 에너지, 지질(지력) 등 세 분과 활동을 합니다. 특히 에너지 부문은 건물 주변의 소리와 빛, 색채가 사람의 건강에 미치는 영향을 연구합니다. 지질 분과에서는 고압의 전류나 전자파, 코일 같은 건물 주변의 요인을 주로 점검합니다."

그때서야 몽환적인 느낌을 주는 사무실의 내부 조명을 이해할 수 있었다.

건물을 지을 때 빛이나 조명, 색깔을 어떻게 배치하는지 물었다.

"가능하면 모든 방향으로 빛이 들어오도록 설계를 하죠. 특히 내부 벽은 흰색을 쓰지 않습니다. 가설이지만 우울증, 자살

충동 같은 게 흰색과 관련이 있다는 게 저희들의 생각입니다."

마츠나가 이사장은 이야기 끝에 '접지성' 이라는 개념을 언급했다. 쉽게 말해 사람이 땅에 접하는 시간, 경향을 비율로 나타낸 것이다. 이와 관련된 연구가 한남대 건축학부 강인호 교수와 최병숙 박사가 2001년 발표한 논문 '주거의 고층화와 아동의 놀이 및 사회성 발달에 관한 실증적 연구' 다.

조사는 2000년 9~10월에 걸쳐 대전지역 유치원 6곳의 만 5~6세 아동 263명을 대상으로 진행됐다. 먼저 놀이공간을 보면 평소 집 밖보다 집 안에서 논다는 비중이 전체 아동의 57.5%로 높게 나왔다. 반대의 경우 답변이 14.2%로 나와 큰 격차를 드러냈다.

다음으로 아파트 아동만을 대상으로 저층, 중층, 고층별 놀이공간 비율을 조사했다. 그 결과, 주로 집 안에서 논다는 비중이 1~5층 저층이 27.3%, 6~10층 중층이 90%로 나타났다. 급격한 변화!

하지만 그 비중은 11~20층 고층에서 61.6%로 내려왔다가, 21층 이상 고층에서 80%로 다시 올라갔다. 중층의 경우 특이성이 있지만, 결국 거주 층수에 따라 집 안에서 노는 비중이 높아진다는 것이다.

강인호 교수가 2003년 발표한 '초고층 아파트 거주자의 건강에 관한 조사연구' 논문에서도 흥미로운 분석자료가 제시됐다.

경기도 A 신도시의 5개 아파트 단지 중에서 저층과 초고층 주민을 비교한 결과, 저층 주민의 정서불안증 정도는 95로, 초고층은 127로 나타났다. 우울증은 100 대 131, 공격성은 102 대 133이었다.

결국, 초고층 거주자는 신체적 건강에 비하여 정신적 건강 측면에서 상대적으로 취약하다는 것이다.

초고층 아파트 주거 상식

2007년 7월, 버럭 씨가 서울 강남구 도곡동의 타워팰리스 앞에 섰다. 지상 42~69층에 이르는 A~G 7개 동이 그야말로 마천루다. 최고층의 높이가 263.7m.

출입은 엄격하게 제한됐다. 외부인은 단지 안을 걸을 수 있는 정도였고, 건물 1층 로비마다 관리인이 배치돼 입주민과 협의된 외부인만 승강기를 탈 수 있었다. 어렵게 만난 현장 주민들이 전한 생활상. 먼저 30대 주부.

"39층에 살아요. 창을 못 여는 게 아무래도 답답하죠. 애들 있는 집은 답답할 것 같아요. 화재가 났을 때 우린 옥상으로 올라가게 돼 있어요. 다른 대피시설은 모르겠는데요?"

다음은 11살, 8살 남매.

"65층에 살아요. 옆 동 57층에 살다가 이사 왔는데 타워팰리스에서만 5년 살았어요. 처음엔 귀가 멍멍했는데 금방 괜찮아졌어요. (옆에서 동생이 "더워요" 하자) 그건 에어컨 켜면 되지! 창문도 비스듬하게 열어요."

끝으로 60대 남성.

"노인들한텐 아무래도 답답해. 그래도 우린 6층이니까 어지럽진 않아. 돈 되니까 사는 거지 뭐~. 사는 게 다 적응하는 거 아니겠어요?"

말 그대로 사람들이 고층 아파트를 선호하는 이유는 재산가치 때문이다.

"전망이 끝내줘요!"

"비싼 아파트잖아요. 당연히 이웃들도 고급이에요!"

이런 요인들은 사실상 재산가치에 종속되거나, 살다 보면 무감각해지기 쉬운 것들이다.

이처럼 생활 외적인 요인으로 고층, 혹은 초고층 아파트 입주를 결정한 사람들은 생활상의 구체적인 장애에 부딪힐 수밖에 없다. 관련된 조사가 2007년 4월 〈한겨레21〉 커버스토

화재가 난 해운대의 우신골든스위트 뒤로
70층이 넘는 주상복합 건물이 완공단계에 있다

리 '부자가 주상복합에 빠진 날' 과 서울시립대 박철수 교수의 1993년 논문 '초고층 아파트의 사회적 병리현상' 에 언급되어 있다.

우선 '정상적으로 창문을 열지 못한다.'

강한 바람과 압력 때문이다. 기껏해야 45도 정도 열 수 있다. 건물 디자인상 전체 층이 똑같다. 당연히 건물 안의 냉난방은 전적으로 전기에 의존한다. 그 경비는 장난 아니다.

'재난 때의 구명시스템이 필수적이다.'

특히 층수에 따라 옥상이든 지상이든, 재빠르게 주민을 이동시키는 장치가 필요하다. 연돌현상 때문이다. 이는 화재나 건물 파손 등의 상황이 발생했을 때, 고층 건물 내 승강기나 계단을 통해 연기, 가스 등이 급상승, 급하강하는 현상을 말한다. 상황에 걸맞은 구명시스템이 필수적이다.

'귀울림증, 어지럼증, 대비하세요.'

입주 초기에 직면할 수밖에 없는 상황들이다. 물론, 사람에 따라 극복하는 데는 시간의 차이가 있다.

서울시립대 건축학부 박철수 교수는 자신의 논문에서 건물이 높으면 높을수록, 도둑의 침입이나 승강기, 혹은 계단 내에서 발생하는 범죄의 개연성도 높아진다고 분석했다.

초고층의 건강 영향

버럭 씨가 2007년 일본에서 만났던 도쿄 근교 동해대 의과대학의 오우사카 후미오(당시 58세, 공중위생학) 교수는 이래저래 놀라운 이야기를 전했다.

우선, 이 책의 마지막에 소개되겠지만 일본 또한 한국처럼 아파트와 사람의 영향관계에 대한 연구가 각종의 압박으로 인해 거의 중단돼 있다는 흐름을 전했다. 심지어 관련 연구를 할 때 집이나 학교로 건축업계로부터 '협박전화'를 받은 적도 있다고 자신의 체험을 덧붙이기도 했다. 한국과 일본을 통틀어 버럭 씨가 처음 들었던 '직접 협박' 케이스였다.

그런데 그가 2002년 발표한 논문 이야기를 들어보니 예상 이상이었다. 당시 오우사카 교수는 일본 요코하마 시의 보건소 3곳에 등록돼 있는 4개월 된 신생아의 엄마 2,300명을 대상으로 연구를 진행했다. 이 대목에서 교수는 전제했다.

"일본은 관할 보건소에서 출산 후 4개월째와 1년째, 3년째와 6년째 될 때 의무적으로 모자의 건강을 체크하게 돼 있거든요."

조사항목은 결혼연령과 거주하는 층, 조산 여부와 유산경험 등이었다. 연구결과의 핵심은 유산경험 비율. 아파트 거주 주부 전체의 평균 유산경험 비율이 9.8%였다. 다음은 10층 이하로 1~2층이 8.9%, 3~5층이 9.2%, 6~9층이 16.1%로 층수가 높을수록 점점 더 유산비율이 높았다. 이에 비해 10층 이상 주부는 19.4%로 유산경험 비율이 높게 나타났으며 이건 아주 놀라운 결과였다.

오우사카 교수가 다시 말했다.

"특히 지금까지 아파트에 거주했던 기간이 유산율을 더욱 높였다는 점에서 인과관계가 더 분명하다고 봅니다."

1년 이하 아파트 거주 주부의 경우 유산경험률이 5.7%였던데 비해 2년이 11%, 3년과 4년이 각각 12.1%와 15.6%로 이 역시 기간에 비례해 유산 비율이 높게 나타났다. 특히 5년 이상은 21.4%로 월등히 높게 조사됐다.

"결국 높이에 따른 스트레스가 주된 유산 원인입니다."

오우사카 교수의 결론이었다. 높은 곳일수록 실제 진동 폭이 커지고, 많은 사람들이 높은 건물에서 사는 데 따른 스트레스가 있으며 그것에 영향을 받는다는 것이다. 더구나 아파트에 사는 임산부의 경우 스트레스 정도와 활동량이 태아에 미치는 영향은 결정적이라는 설명도 덧붙였다.

"높은 곳에 살수록 임산부의 활동량은 적어지기 마련이거든요."

버럭 씨가 교수의 설명을 일방적으로 받아 적기만 했던 것은 아니다.

"그렇다 해도, 이 결과는 2001년과 2002년 사이 한 차례 조사 결과에 불과하지 않습니까?"

"아닙니다. 저는 10년 전인 1992년에도 동일 지역에서 같은 방법으로 조사를 했고, 역시 같은 결론을 얻었습니다."

1992년 당시 요코하마 시에 살고 있는 주부 1,005명을 대상으로 조사한 결과, 평균 출산아 수가 단독주택 1.8명, 아파트 1.55명으로 차이가 났다는 설명부터 시작됐다. 거기다 흡인분만, 제왕절개, 아이가 거꾸로 선 골반위 등의 이상분만 비율도 거주형태와 높이에 따라 차이를 보였다는 것이다. 특히 첫 아이의 이상분만 비율은 단독주택이 14.9%로 나타난 데 비해 아파트가 24.3%로 나타났으며 그중 6층 이상 비율은 27%를 넘었다고 한다.

1992년 연구결과에 대해 오우사카 교수가 덧붙인 말은 이랬다.

"요코하마의 단독주택 평균 면적이 약 100제곱미터인데 비해 아파트는 50제곱미터 정도밖에 안 됩니다. 집 안이 좁아서 주부들이 당연히 둘째를 낳는 것을 주저하지요. 좁은 방에 외로이 한 사람이 있다면 모체에도 영향을 준다고 생각합니다. 거기다 고층이라면 아무래도 외출하는 것이 귀찮고, 운동부족이 되기 쉽겠죠. 그럴수록 태아가 너무 자라서 흡인분만에 의지하는 비중이 높아집니다."

03

등장인물

204
203
105
106
101
201
1004

버럭 씨

버럭 씨가 아파트에 집착하기 시작했던 그 무렵의 일이다.

성격 까칠한 그가 '영' 마음에는 들지 않았지만 할 수 없이 마산의 한 아파트 22층으로 이사하던 날이었다. 그런데 그는 이미 배치된 거실의 구도가 마음에 들지 않았다. 발코니 쪽 전경을 접하기에는 반대의 구도가 그럴싸했다.

'얼마나 기발한 생각인가!'

혼자서 감탄했다.

생각나면 말하지 않고는 못 배기는 그는 나름 신선하다고 여긴 만큼 이삿짐센터 아저씨도 들리게끔 아내에게 크게 말했다.

"어때? 방향을 반대로 하는 게 훨씬 낫지 않을까?"

하지만, 뜻밖에도 아내는 반대했다.

"어떻게 그래? TV나 오디오를 놓을 선반도 다 이쪽으로 설치돼 있는데. 콘센트도 마찬가지고."

바로 곁의 이삿짐 아저씨도 잽싸게 거들었다.

"그렇죠. 안 돼요! 짐 옮기랴, 전기선 이으랴 얼마나 번거로운데요?"

그래도 안심이 안 됐던지 다시 내뱉었다.

걸작이었다.

"1층부터 21층까지 다 이쪽으로 보고 있는데, 22층만 반대로 보고 있는 것도 우습잖아요?"

성질 뻗친 버럭 씨.

"하나도 우습지 않은 일!" 이라고 말하려다가 기운이 빠졌다.

'이거, 내 편이 없구나.'

그리곤 체념했다.

소심한 버럭 씨.

아파트 주민이 가질 수 있는 획일적 정서에 관심을 두기 시작한 마당에 그 일은 더욱 그의 머리에 각인됐다.

아파트 숲속에서 길을 잃다

득구

■ ■ ■ ■ ■

버럭 씨의 큰아들 득구는 열 살이다. 이름이 주는 느낌을 닮아가듯 득구는 점점 더 씩씩해진다. 하지만 여덟 살 초까지만 해도 혼자서는 아파트 문 밖에도 나가지 못했다. 11층, 22층, 지금 사는 18층, 이렇게 고층에서만 살아온 데다 마산의 22층 아파트에 살 때는 승강기 소리마저 기괴해 아이가 무서워 밤에 잠도 자질 못했다. 요즘이야 활동성도 늘고 친구도 여럿 사귀지만, 그렇다고 득구가 고층 아파트 증세를 훌훌 털어버린 건 아니다.

고층에 살다 보면 땅에 발을 디디는 경향이라는 의미의 '접지성' 은 아무래도 떨어질 수밖에 없다. 점점 더 재미를 붙이는 컴퓨터 게임이나 TV, 만화 같은 게 그런 경향을 더 부추긴다. 그래서 득구는 아빠와 자주 부딪힌다.

"컴퓨터 그만 해라."

"TV 그만 봐라."

"제발 좀 나가서 놀아라."

아빠의 말이 거의 강요 수준일 때 득구는 눈을 부릅뜨고 아빠를 노려본다. 그땐 정말 1980년대 비운의 복서 김득구의 눈매를 닮았다. 분노를 넘어 거의 증오에 가깝다.

"씨이, 씩- 씩- 씩, 왜 아빠 맘대로 하는데."

콧김까지 씩씩거린다.

억압이 뭔지 알아버린 득구.

득구는 아빠가 동생 진구를 꾸중하거나 회초리를 들려 할 때도 그런다.

"왜 그러는데? 왜 때리는데?"

완전 반항 같지만, 오히려 반발에 가깝다. 압력에 대한 반발, 폭력에 대한 저항 쪽이다. 하지만 그렇게 득구에게 몰리는 버럭 씨 입장에서도 할 말은 있다.

'하지만 득구야, 알고 보면 나도 할 말이 많단다. 내가 너와

네 동생 둘한테 눈 부릅뜨고, 고함치고, 심지어 회초리를 드는 이유도 너처럼 아파트에서 비롯된 게 많거든. 난 너희 둘이 아파트에서 뛰면 바로 미친다고. 왠지 알지? 우리 집 아래층 분들! 너희들이 뛰기 시작하면서 아래층 분들이 머리끝까지 화가 나 올라왔던 몇 번의 악몽 같은 기억들.'

심지어 득구 아빠는 층간소음 때문에 그 다음날 새벽같이 일어나 자신의 아파트와 주변 아파트를 샅샅이 뒤지기도 했었다. 혹시 1층에 이사를 갈만한 빈 곳이 없는지 찾으려고.

'정말, 너희들 맘대로 뛰놀면서 살 수 있도록 말이야. 그런데 어떻게 이 아빠가 너희들 뛰는데 정상적일 수 있겠니.'

진구

버럭 씨는 여섯 살 둘째 아들 진구를 부를 때가 재미있다. 이름에서 느껴지는 뉘앙스 때문이다. 완전 혼자 생각이지만 행동, 말, 생각까지 자기 맘대로일 것 같은 느낌….

진구에겐 그런 류의 특징이 많다. 벽에다 온통 그림 그리기. 부엌 싱크대에서 그릇이란 그릇, 용기라는 용기는 죄다 끌어내려 만지고 닦고 그대로 내버려두기. 애들 방에 거의 7~8년 이상 쌓인 장난감들을 몇 달에 한 번씩 모처럼 맘먹고 종류별로 상자에 담아놓으면 곧바로 뒤집고 뒤섞어버리기. 아빠가 조금이라도 언성이 높아지려고 하면 지가 먼저 소리

지르고 화내고 하면서 기선 제압하기. 엄마 아빠가 슬슬 부부 싸움 기미를 보이기 시작하면 어떻게 눈치를 긁고는 지가 먼저 소리 질러버리기. 진구에겐 그렇게 엉뚱하고, 고집스런 구석이 있다.

그런 진구에게 아빠는 매번 소리를 지른다.

"뛰지 마!"

"너 정말, 한 번 더 뛰면 ×××!"

제 맘대로인 진구가 아파트에 사로잡혀 살지 않기를 바라면서도, 결국 아파트에 맞춰 살라고 강요하는 꼴이다. 하지만 버럭 씨 마음 한 구석은 다르다.

'제발, 도라에몽 속 노진구의 자유가 변함없이 우리 진구 머릿속에 박혀 있기를….'

득구가 열 살, 진구가 여섯 살. 사내 녀석 둘이서 어울리면 당연히 조용할 리가 없다. 처음엔 소곤소곤, 좀 있다 티격태격, 결국 옥신각신 엉겨붙고 만다. 대부분의 경우, 그렇게 정답게 놀지 않는다. 시끄럽다. 서로 밀고 뛰고 넘어지고, 그러다 때리고 엉겨붙고 울고불고 그런다.

조용할 때도 물론 있다. 컴퓨터 앞에 둘이 앉았을 때다. 비록 득구가 독점하는 편이지만 진구도 조용히 따른다. 이 말

아파트 숲속에서 언젠나 만나게 되는 아파트키드

저 말 주워섬기며 한 시간 이상 컴퓨터 앞에서 조용히 논다. 그렇게 아이 둘은 아파트에 적응하며, 종속되며 자라가고 있다.

득구 엄마

"흥미로운 것은 주택에서도 이와 같은 공간의 재현, 공간적 실천, 그리고 재현의 공간이 발생한다는 사실이다. 따라서 주택은 한편으로 미시적 권력관계가 내재하고 다른 한편으로는 서로 갈등하고 타협하는 가족정치의 공간이라 할 수 있다."

사회학자 전상인이 저서 『아파트에 미치다』에서 보였던 통찰은 날카롭다.

앞서 버럭 씨가 겪었던 예—마산의 한 아파트로 이사한 후 겪었던 거실 배치 문제—에서도 드러났지만, 결국 당시 짧은 순간의 결정권자는 득구 엄마 즉 버럭 씨의 아내였다.

아파트 주거에 관한 한 득구 엄마의 결정권은 아주 일상적이고, 지극히 당연한 것이었다. 결혼 직전에 아파트에서 살기로 결정했던 일부터, 두 번째 세 번째 옮겼던 아파트 위치와 평수까지 거의 전적으로 득구 엄마가 결정했다. 이런 양상은 어떤 가정에서나 보편적이지 않을까.

"아파트는 안 돼. 단독주택으로 가자!"

"그 동네? 그 평수 아파트는 안 돼! 내가 알아보게."

이런 남편들은 그리 많지 않을 테니까.

대부분의 여성들이 아파트를 선호하는 것처럼 득구 엄마도 그랬다.

"아 그럼, 당신은 지금 단독주택에 가서 살자는 말이야?"

"난 못 해. 살림살이 하나하나가 불편할 수밖에 없는데, 그거 당신이 할 거야? 치안문제나 뭐나 이래저래 불안한 건 어떻게 하고?"

대신 "아파트 장만해서 돈 한번 벌어보자"는 이야기는 하지 않는다. 재주가 없으니까. 그렇지만, 남편과의 아파트 주거 논쟁에서 득구 엄마는 반대편에 서거나 아예 상대를 하지 않으려 한다.

"뭐라고? 득구 성격이 이 아파트 때문이라고?"

"좋아, 만에 하나 그렇다고 쳐. 그래서 어떻게 하자고?"

"아, 됐어. 말도 안 되는 소리 그만해!"

아내와 아파트 논쟁을 할 때마다 난감해지는 버럭 씨. 하지만 논쟁을 포기할 순 없다.

아내의 입장은 지극히 현실적인 것이고, 더욱이 보편적인 시각이기 때문에 제대로 아파트를 분석하고 비판하려면 그 벽을 타고 넘어가야 한다. 아니, 그보다 아파트로 인해 득구, 진구가 겪는 문제에 대해서는 최소한 아내와 의견이 일치해야 대책을 함께 찾을 수 있기 때문이다. 그래서 또 아내에게 다가선다.

"여보, 그거 있잖아?"

그렇게 아파트에 관한 대화 제안, 불응, 또 제안, 미미한 대화, 간만의 토론, 결국 대립하고 말싸움하는 행태가 매번 반복된다. 그때마다 아내가 버럭 씨에게 항상 하는 말이 있다.

"당신 생각 말고, 근거를 대봐! 취재한다면서?"

"당연하지! 근거도 없이 말할 것 같아?"

"그래, 글을 쓰든 토론을 하든 근거를 제시해보라고!"

"알았어, 두말하기 없기야!"

버럭 씨의 아파트 연구는 그렇게 부부간에도 모종의 합의로 시작됐다.

04

아파트가 준 득구 성격

105
106
1004
204
101
201
203

첫 외출

열 살인 득구. 요즘은 예전의 약한 모습이 조금씩 사라지고 있다. 일곱 살 때까지만 해도 혼자 외출하지 못하던 허약함 같은 것. 그땐 현관문 밖에 득구가 혼자 나가 있는 모습을 버럭 씨는 상상조차 하기 어려웠다. 여덟 살 초까지도 그랬다.

초등학교에 들어가고, 이웃의 이모가 사는 복도식 아파트의 오픈된 생활에 익숙해졌을 때부터 득구는 혼자 나다니는 용기를 얻게 됐다. 이모집 아파트는 9층 같은 통로에 여름이면 집집마다 문을 열어놓고 지내는 곳이다. 거기다 사촌인 한 살 위의 누나 '서해', 한 살 아래 동생 '동해'가 그렇게 뛰노는 걸 본 득구가 차츰 눈을 뜬 것이다. 물론, 그게 애들 성격 탓일 수도 있다. 하지만, 이 대목에서 버럭 씨는 강경해진다.

"아파트 탓이 크다고!"

복도가 개방돼 이 집 저 집 아이들 뛰어다니는 복도식 아파트와 대개의 폐쇄형 아파트살이의 차이일 수도 있다는 것이다.

서해와 동해에겐 어떤 원인에서든, 득구와는 행동반경에 현격한 차이가 난다. 서해는 지난해부터 자기 휴대전화로 친구랑 약속을 잡는다. 동해는 더 천방지축이다. 자기 혼자서 외출하는 것은 물론, 무작정 친구를 찾아 나가서 오후 내내 무소식인 적도 있다. 뒤에 엄마에게 혼쭐이 나도, 그때뿐이다.

요즘은 득구도 다르긴 하다. 하지만 혼자 잠깐 나가서 슈퍼에서 과자를 사오거나, 간단한 심부름을 다녀오는 정도다. 득구와 진구가 물론 똑같은 건 아니지만, 여섯 살인 진구도 혼자 아파트 밖에 나가는 것은 어림도 없다. 어쩌면 엄마 아빠가 애들을 그렇게 키운 탓일까? 그래서 요놈 둘에겐 혼자 아파트 밖으로 내보내는 게 엄청난 벌이다. 극도의 공포를 안겨주는 중형이다. 정말 말 안들을 때 득구 아빠는 그런 식의 벌주기를 몇 번 시도했다. 그렇지만 매번 비참한 결말이었다. 밖에 내보

내는 순간, 애들이 너무 놀라 '경끼'를 일으킬 정도였다.

나름, 때리지 않고 이런 방식으로 훈육시키려 했다가 이웃집에서 아동학대 소리 나올까봐 더 이상 시도도 못 했다. 하지만, 며칠 전 창원 사는 버럭 씨 친구가 이런 상황을 비웃듯 말했다.

"참 내, 아-들이 그래가 되겠나? 우리 집 아들은 어떤지 아나? 들어볼래?"

들어봐야 약만 오르겠다 싶었지만 어쩔 수 없었다.

"해봐라…."

친구의 큰아들(지금은 열세 살)이 예닐곱 때, 하도 말을 안 들어서 한밤중에 아이를 집 밖으로 내쳤단다. 그런데 당연히 문 밖에서 울며불며 엄마 아빠 잘못했어요, 하며 절규해야 할 아이가 아무런 기척이 없었다. 한동안 그러고 있다가 하도 의아해서 문을 열어봤더니, 애가 그만 사라지고 없는 게 아닌가.

얼마나 놀랐을까. 황급히 승강기를 잡아타고 아파트 1층 입구로 뛰어나온 친구! 거기서 그는 뒤로 나자빠질 뻔했다고. 이 아이가 자기 자전거를 끌고 내려와서는 밤 10시가 넘은 그 시각에 유유히 아파트 빈 공간을 따라 주유하고 있더라는 것이다.

다섯 살까지 고성 시골집에서 할머니 할아버지 손에서 키워졌다는 이 아이. 들로 산으로 틈만 나면 뛰어다녔을 것 아닌가. 우쭐해진 친구, 한마디 덧붙였다.

"우리 아들한테 한 번 보낼래? 종자개량 좀 시켜주까.^^"

공포의 승강기

득구가 여덟 살이 되어서야 혼자서 아파트 밖으로 나갈 수 있었던 데는 아파트가 고층이라는 점과 승강기가 초래한 원인도 컸다. 세 살 때까지 살았던 11층 아파트야 득구가 아무것도 모를 때였고, 일곱 살 때까지 살았던 마산의 22층 아파트가 결정적이었다. 여덟 살 때부터 지금까지는 18층에 살고 있으니, 고층 아파트와 득구의 성장은 떼놓을 수가 없다.

아파트의 주거 층수와 입주민의 외출 횟수는 당연히 관계가 있고, 그에 대해서는 앞서 2장 「사람이 살 수 있는 높이」에서 연구자료가 제시됐다.

거기다가 일곱 살 초까지 살았던 22층 아파트는 승강기 소리마저 유별났다. 오르내릴 때마다 '쿠-우우웅' 하는 소리가 어른이 듣기에도 기괴했다. 하물며 아파트 고층에 살면서 활동력이 떨어진 어린 애에게는 어땠을까.

득구가 그곳에 살았던 기간은 4년, 세살 때부터 일곱 살 초반까지였다. 이런 일도 있었다. 득구가 새벽 3~4시만 되면 우는 것이다.

"엉엉엉, 엉엉엉~."

엄마 아빠 모두 깨울 정도로 크고 서러웠다. 그게 승강기 소리 때문이라는 건 금방 드러났다.

"무서워, 무서워… 소리, 저 소리."

그때 들리는 소리는 가끔 들리는 승강기 소리가 전부였다.

마음 약한 버럭 씨. 다음날 경비실로, 관리사무소로 뛰어다녔지만 어쩔 수 없었다.

"성능 자체가 그런 걸 어떻게 합니까?"

가슴 아팠지만, 득구가 극복할 수밖에….

그런 득구가 공포의 승강기를 혼자 타야 할 순간이 왔다. 대여섯 살 때부터 다녔던 학원 때문이었다. 같은 아파트 상가에 있던 학원이라, 마치면 혼자 쫓아 뛰어와 승강기를 타야 했다.

득구는 그때의 기분을 지금 정확히 표현하지 못한다.

"잘 모르겠는데… 그냥 눈을 꾸욱 감았던 것 같아. 왜 그래, 아빠? 생각하기 싫단 말야!"

더 이상 말하지 않는 득구. 다행히 득구는 일곱 살 때 지금 사는 아파트로 이사하면서 승강기 공포에서 벗어났다.

아파트에서 태어나고 자란 아이들의 정서, 행동 성향에는 일정한 특징이 있다.

"그게 왜 아파트 때문이야?"

득구 엄마처럼 그렇게 문제를 제기하고 나오는 분들이 태반이겠지만, 그래서 버럭 씨는 한때 관련 자료를 찾느라 곤욕을 치렀다.

최근 자료가 돼야 영양가가 있을 건데, 이건 도대체 몇 년 이내 발표된 자료는 찾기가 어려웠다. 이런 경향은 2000년 이후 고층, 혹은 초고층 아파트 건축이 대세가 돼버린 이후에는 더욱 심화됐다.

전공 교수들은 더 이상 고층 아파트와 사람의 정서, 질병에 대해서 연구하려 하지 않고, 의학계나 주택 관련 연구소 또한 이를 외면하는 경향이 지배적이다. 이는 건축업계의 개입과 무관하지 않다.

일단 지금은 그 설명을 미루고, 비록 10년 가까이 된 자료지만 2000년 2월 대한건축학회 논문집에 발표된 논문을 버럭 씨는 꾸역꾸역 찾아냈다. '초고층 및 저층 아파트의 주거환경이 유아에게 미치는 영향' 이라는 제목이었고, 당시 건국대 주거학과 강순주 · 심순희 연구팀이 주체였다. 눈에 띄는 건 첫 부분 '연구의 이론적 배경' 이었다.

"유아는 주어진 환경에 적응하면서도 자신의 환경을 적극적으로 형성하기 어렵다. 초고층 아파트는 많은 유아와 아동들에게 신경질, 피로감, 자연에 대한 무감각, 성급함, 감정의 빈곤, 공격성, 우울증 등과 같은 환경적 장애를 일으킨다는 것이 1970년대 Piperk와 Wien에 의해 입증됐다."

이 논문의 자세한 내용은 이 책의 중반 「아파트 스트레스 연구논문」 부분에서 자세하게 소개된다.

강순주 교수 팀은 이보다 앞서 1996년 1월에도 초고층 아파트 입주 후 1년이 지난 주부 300명을 대상으로 '초고층 아파트 거주자의 주거환경 스트레스와 건강' 이라는 논문을 대한건축학회 논문집에 실었다.

그 결과, 대상 주부들의 평균 주거환경 스트레스 값을 3.0으로 봤을 때 16층 이상의 경우 소음으로 인한 스트레스가 3.35

였다. 구체적으로 층간소음과 하수파이프 소음, 창문 소음 등의 순이었다. 특히 승강기의 속도, 사고 걱정, 범죄 우려 등 승강기 관련 스트레스 수치가 3.74로 가장 높았다. 다음으로 높은 항목이 '재해 시 피난경로 불안'으로 3.48이었다. 행동제약으로 인한 스트레스 평균치는 2.89로 평균 스트레스 수치보다 낮았지만, 눈에 띄는 건 노인과 어린이의 생활불편 스트레스였다. '3.45'였다.

연령이 아주 낮거나 아주 높을수록, 거주하는 층이 높을수록, 알고 지내는 이웃이 적을수록 스트레스가 높다는 결론이었다.

층간소음으로 인한 장애

일이 터진 건 2009년 설날 밤이었다. 득구 가족은 마산의 본가에 갔다가 밤 9시쯤 창원 동읍의 아파트로 돌아왔다. 보통 이 시각이 되면 한 놈은 잠이 드는데 그날은 득구, 진구 둘 다 그렇지 않았다. 기운이 더 나는지 아파트 안을 부산하게 돌아다녔다.

밤늦게 돌아와서 아침에 미처 치우지 못했던 방, 거실 청소를 하느라 아빠도 엄마도 아이들에게 신경을 쓰지 못했다. 처음에 툭탁거리던 아이들이 급기야 뛰어다니기 시작했다.

"야들이, 왜 이렇게 뛰어다녀?"

아빠가 막 고함을 질렀지만, 늦었다. 현관 벨이 울렸다. 직감이 왔다.

'걸렸구나!'

행여나 하면서 버럭 씨가 인터폰을 들었다.

"누구십니까?"

"밑에서 왔습니다!"

소리가 컸다. 속절없었다.

문을 열었다. 20대 초반, 아래층 아들이었다.

"이거, 너무 심한 거, 아입니꺼? 우째, 잠을 자라는 깁니꺼?"

"아이구, 미안합니더. 정말 미안합니더."

이랬어야 했다. 당연히 그랬어야 했다. 그런데 그러지 못했다. 그때까지 너덧 번 비슷한 일이 있었었고, 아래층 분들이 심하게 질책을 한다는 불만을 가졌던 터라 버럭 씨도 말이 고깝게 나왔다.

"잠깐 들어와 보소!"

다짜고짜 그 친구를 안방으로 이끌었다. 그리고는 이불을 뒤집어쓴 채 놀란 토끼 눈으로 앉아 있던 아이 둘을 보여줬다.

"이 어린 애들을 어떻게 가만히 있게 할 거요?"

아주 잠깐, 아래층 친구가 머뭇거렸다. 그뿐, 현관으로 나온 그는 정색을 했다.

"이게 벌써 몇 번 짼니꺼? 아무 조치도 하지 않고, 바닥에다가 매트라도 깔던지…."

그때 아래층 아저씨도 뛰어 올라와서는 고함을 질렀다.

"가자! 고마 하고!"

아들에게 가자는 말이 더 무섭게 들렸다. 그렇게 상황은 끝났다. 그때 버럭 씨는 생각했다.

'내일 아침에 할 일이 있다. 아파트 1층에 빈 집이 없나 알아본다!'

입술을 깨물었다. 잠이 올 리 없었다.

다음 날 아침.

그는 자신이 사는 아파트부터 창원 동읍 일대 아파트까지 1층이란 곳은 죄다 둘러봤다. 1층의 모습도 가지각색이었다. 아주 높은 곳, 반 지하처럼 돼 있는 곳, 좁은 곳, 넓은 곳…. 공통적인 건, 방범창으로 빽빽하게 발코니를 둘러치고 있다는 점이었다. 드문드문 1층이 비어 있었지만, 그걸 보고는 자신이 없어졌다.

'아, 차라리 욕을 듣고, 눈치코치 다 보여도 지금 있는 곳에

층간소음, 위험한 순간

서 살아야지.'

돌아오는 길에 신방마을, 용잠마을의 마당 너른 농가들이 눈에 들어왔다. 두 마을의 농가 대부분이 큼직큼직한 대지에 너른 마당을 갖고 있었다. 그 마당은 텅 비어 있었다. 간밤에 아래층의 기세에 눌려 이불 밑으로 숨어들었던 득구, 진구가 그 마당에서 미친 듯이 뛰어다녔다.

잠시 스친 상상이었다. 그 마당에는 애들은커녕, 어른들도 발견하기가 쉽지 않았다. 그 시간에 아이들은 대부분 도심지 아파트의 그늘진 모래흙 놀이터에 있겠지. 부모들의 온갖 질책과 눈치를 살펴가면서 아파트 거실을 살금살금 주춤주춤 걸어 다니겠지.

층간소음과 관련해 2010년 한 해에만 살인사건이 두 건 이상 발생했다.

3월 대구에서는 아파트 1층의 40대 거주자가 2층의 30대 거주자를 흉기로 찔러 살해했다는 보도가 나왔다. 4월 경기도 남양주에서는 2층 거주자가 3층의 거주자를 같은 방법으로 살해했다고 보도됐다. 몇 년 전 대구에서 발생했던 폭행사고 역시 아래층인 17층 거주 가족이 위층 가족들을 집단폭행했다는 내용으로 언론을 탔다.

결국 층간소음과 관련한 폭행, 살인사건의 대부분이 소음을 겪어온 아래층 거주자들이 그 원인을 제공한 위층 거주자들에게 물리력을 가하는 형태로 발생한 것이다.

어느샌가 1층 아파트 찾기를 포기하고 관련 자료를 찾아 헤매던 버럭 씨는 인터넷에서 발견한 층간소음 사건사고를

훑어보고는 할 말이 없어졌다. 사건사고뿐만 아니라 인터넷에 올려진 대개의 호소 글들이 층간소음을 겪고 있는 아래층 거주자들의 것이었다. 문제의 제공, 피해의 정도 등 어느 모로 보나 아래층 거주자들의 고통이 버럭 씨 가족의 경우처럼 항의를 받는 위층 거주자들과는 비교가 되지 않는다는 이야기다.

층간소음 관련 분쟁을 조정하고 있는 정부 기구인 환경분쟁조정위원회조차 그 이유를 이렇게 분석했다.

"아래층 거주자의 입장에서는 언제 발생할지 모르는 소음의 불규칙성으로 인해 불안하고 초조해지는 신경장애를 거쳐 심한 경우에는 불면증, 신경장애를 일으킬 수밖에 없다."

이 기구를 포함한 관련 기관에서는 그래서 여러 경로를 통해 층간소음을 줄이기 위한 준수 사항을 홍보하고 있다.

'소음을 일으키는 세탁, 청소 등의 가사는 오전 8~12시 사이와 오후 3~9시에만 한다.'

'오후 10시부터 다음날 오전 7시까지는 소음을 일으키는 연주 및 음향재생기의 사용을 금지한다.'

'문을 쾅 닫는 것, 계단에서 뛰는 것, 아이들이 뛰는 행위 등 가장 큰 소음행위의 경우 전반적으로 막아야 한다. 단 원천적

금지가 어렵거나 발생 가능성이 있을 경우 아래층 거주자에게 먼저 양해를 구한다.'

'헬스기구, 골프연습기 등 운동기구의 사용은 오후 9시 이후 금한다.'

어쩔 수 없는 일이었다.

버럭 씨의 경우 아래층 거주 가족과 틈나는 대로 대화하는 방법을 취할 수밖에 없었다. 아래층 거주자들이 집에 있는 시각, 수면 시각, 거실, 안방 등 주된 상주 공간 등을 그렇게 알아낼 수 있었다.

아, 물론 거실에 매트를 까는 것부터 먼저 했다.

닫힌 환경

버럭 씨는 가끔 직장의 남자 후배들에게서 유난스레 '남성'을 느낄 때가 있다. '게이 취향' 같은 게 아니라, 남자가 직감하는 남성 같은 것이다. 특히 남자 후배들이 직장 안에서건 바깥 술자리든 몇몇 여자 동료들과 함께 있을 때, 버럭 씨는 이런 느낌을 가끔 가진다.

그들은 대부분 대화를 주도하려 애쓰고, 대화에서 빠지지 않으려 기를 쓴다. 이럴 때 그들에게서는 원초적인 수컷의 냄새가 난다. 발정기의 수컷처럼 혀를 내두르거나, 코를 벌름거리거나, 꼬리를 비벼대는 형상을 연상하게 한다.

『남자아이 심리백과』의 저자 마이클 거리언은 남자들의 이런 심리를 '거부할 수 없는 남자의 본능' 이라고 했다.

"우리는 곳곳에서 남자아이들의 생태를 엿볼 수 있다. 운전하면서 공원을 지나다 보면 축구를 하는 남자아이들을 자주 접한다. 그들은 공간 내에서 물체를 움직임으로써 자아상을 발전시키고 공간 운영의 복잡한 규칙을 따르고 있는 것이다. 농구 코트가 있는 길을 지날 때에는 셔츠를 벗어던진 채 땀을 흘리며 몸싸움을 벌이는 남자아이들을 보게 된다. 그들은 공간 내에서 경쟁적으로 물체를 이동시키고 있다. 남성의 생태가 드러나고, 남성의 생태를 확인할 수 있는 곳은 이렇게 사회 곳곳에 존재한다."

'테스토스테론' 의 지배를 받는 남성의 성적 충동과 공격성, 부풀어 오르는 근육을 도저히 어쩔 수 없는 원초적 본능으로 저자는 규정했다.

평생 1조 개가 넘는 정자를 생산하는 남성들이 대략 한 달에 한 개꼴로 사춘기부터 폐경기까지 몇백 개의 난자를 만드는 데 그치는 여성 앞에서 어떻게 본능을 숨길 수 있겠느냐는 것이다. 하지만, 버럭 씨는 다음 구절에서 문득 아들 득구를 떠올렸다.

"남자아이들은 여자보다 더 넓은 공간을 차지하려는 경향이 있다. 남자아이들의 뇌는 지금도 계속 외치고 있다. '우리에게 더 넓은 공간을 주세요.' 그 뇌는 야외에서 스스로 놀이를 만들고 즐기면서 재창조된다. 농구, 축구 등의 경기는 넓은 공간에서 사물을 움직이는 기량을 발전시키도록 뇌의 기능을 돕는다."

수컷의 본능이 비단 암컷 앞에서 존재를 극대화하고 대화를 주도하는 데만 나타나지 않고, 축구장에서 농구장에서 이 거리 곳곳에서 그들의 경쟁적 동작으로 표출되는 이유가 있다는 것이다.

공간의 확보! 확보한 공간의 이동을 통한 자아상의 확대!

여기서 버럭 씨가 득구를 생각한 이유는 아파트 때문이다. 득구가 아파트 안에서 더 확보할 수 있는 공간은 거의 없다. 남자아이의 본능과는 배치된다.

가족들과 주로 어울리는 거실이나 안방, 부엌에서 그는 가만히 앉아 TV를 보거나 밥을 먹는 행동 외에는 언제나 제약을 받는다. 뛸 수 없고, 동생 진구와 뒹굴 수 없다. 아래층에 영향을 줄 층간소음 때문이다. 득구가 상대적으로 자유로운 공간은 자기 방의 컴퓨터 앞 정도다. 움직이지 않고, 그래서 뭐라

잔소리 듣지 않고 맘껏 노는 장소다. 그것도 한 시간쯤 지나면 게임 너무 오래 한다고 엄마 아빠한테 제지를 받게 되지만.

버럭 씨는 요즘 득구의 행동이 거칠어지는 이유를 조금은 알 것 같다. 아파트 안에서는 언제나 묶이는 행동, 그래서 득구의 공간 확보는 거의 불가능하다. 하지만, 원초적 수컷의 본능은 어쩔 수 없을 것이다. 고함소리로, 거친 행동으로 드러날 수밖에.

05

부대끼는 성냥갑 속 가족

204
203
105
106
101
201
1004
A

득구와 아빠

득구가 급기야 지가 불던 리코더를 쳐들었다. 분노에 찬 눈길로 씩씩거리면서 아빠를 때리겠다고…. 학교 숙제 때문이었다. 하지도 않으면서 징징대기에 버럭 씨가 한마디 쏘아붙였더니 뒤집어진 것이다.

"하려면 하든지, 하지도 않으면서 왜 그렇게 징징대?"

"앙!" 하면서 달려드는 득구 기세가 장난 아니었다. 아빠의 충격도 컸다.

'요즘 득구 정서야 모르는 바 아니지만 이 정도로 아빠에게 공격성을 드러낼 줄이야.'

겁 많은 버럭 씨. 평소 같으면 더 크게 고함치고 노발대발했을 텐데, 안 되겠다 싶었던 모양이다.

'득구의 심리를 더 자세히 들여다봐야 되겠다!'

버럭 씨는 진지해졌다. 대개 그렇듯이 당장 근처 도서관을 찾아 『아들 심리학』이라는 책을 뽑았다. 아동 · 청소년문제 전문 심리학자인 미국의 댄 킨들론과 마이클 톰슨 공저였다. 서문이 머리를 쳤다.

"나는 상당수 소년들의 감정도구 상자에 빠져 있는 항목 한 가지가 무엇인가를 규명하려 노력했고, 그것이 유연성이라는 결론에 도달했다. 청소년기 또는 사춘기는 급속한 변화의 시기이고, 유연성은 성장을 위해 가장 중요한 도구다. 내가 보아온 많은 소년들은 남성다움에 갇혀 소년으로서의 시절을 제대로 즐기지 못했다."

버럭 씨 마음에 들었다.

"남성적 강인함. 이 뿌리 깊은 성 고정 관념은 소년들이 자신의 감정을 애써 부인하게 만드는 한편, 자연스럽게 정서를 발달시킬 수 있는 기회조차 박탈하고 만다."

정독 모드. 드디어 그가 찾는 부분이 나왔다. 5장 '아버지와 아들–아버지에 대한 바람과 거리감의 대물림'.

버럭 씨는 떨렸다.

“성인남자가 심리치료를 받으면서 우는 경우는 거의 언제나 자신의 아버지에 대해서 말할 때다. 아버지가 살아계시건 돌아가셨건 증오의 대상이건 존경의 대상이건 간에 남자들은 아버지를 말하며 운다. 그들은 돌아가신 아버지를 그리워하며 울거나, 사춘기에 커다란 정신적 고통을 안겨준 아버지를 원망하며 운다. 사랑이라는 단어는 남자들의 대화에서 거의 등장하지 않지만, 아버지와 아들의 이야기에서 결국 그들이 말하려는 핵심은 사랑이다. 아들은 아버지를 짝사랑하면서 동경과 분노와 슬픔과 부끄러움 등의 복잡한 감정을 경험한다.”

이어지는 실제 사례는 한 아이의 말로 압축됐다.

“아빠는 내 말은 들은 척도 안 하면서 권위만 내세워요.”

아뿔싸, 득구가 언제나 아빠에게 하는 말이었다.

“내 말은 들은 척도 안 하고, 아빠 맘대로만 하고!”

“아, 진짜 말 좀 해! 아빤 내가 물어도 왜 말을 안 해?”

또 있다.

“제발 큰 소리 좀 치지 마!”

큰 소리 치는 아빠에게 해당되는 대목.

"예컨대 공격적이고 반항기가 있는 소년들은 어린 시절 아빠에게 말을 했을 때 아빠가 고함을 지르는 등 화를 잘 내는 경우가 많다."

사실 요즘 득구는 아빠가 큰 소리를 치면 이전처럼 절대 겁을 내지 않는다. 이런 현상은 뭔가 아빠가 사실을 나름 논리적으로 설명을 했을 때도 그렇다. 그 말을 우습게 여기거나 간단히 무시해버리는 경우가 종종 있다. 아빠가 무안할 정도로.

득구 엄마는 그걸 이렇게 분석했다.

"득구가 당신하고 동급으로 놀거나 생각하려는 경향인 것 같아."

'엄마' 라는 존재를 가운데 둔 라이벌의식이라는 것이다. 일종의 오이디푸스 콤플렉스. 하지만 책은 이렇게 당부한다.

"활동적이고 잘 놀아주는 아버지는 아들에게 좌절감을 성숙하게 받아들이는 방법, 승패에 관계없이 예의를 갖추는 법, 분노나 아쉬움을 통제할 수 있는 방법 등을 보여주는 것을 포함하여, 아들이 광범위한 감정의 세계로 자연스럽게 탐험을 떠날 수 있도록 도울 수 있다. (중략) 아들에게 솔직한 감정 표현을 가르치는 일은 사회적으로 성공을 거두는 일이나 어떤 분야의 전문가가 되게 하는 것보다 훨씬 더 중요하다."

『아들 심리학』의 저자들은 이렇게 아빠에게 뭔가 성찰할 길목을 제시한다. 반면 『남자아이 심리백과』의 저자 마이클 거리언은 구체적인 행동지침을 권한다.

"아이들은 편안함보다는 주로 놀이나 훈련, 질서가 필요한 경우에 아빠를 찾는다. 아이들에게는 이것이 바로 천국이나 다름없다. 아버지는 아이와 뒹굴면서 놀고 어머니는 아이를 달래고 진정시킨다. 아버지가 아이와 직접적인 신체 접촉을 하지 않으면 아이를 감정적으로 버릴 위험이 있다. 그리고 경고한다. 어떤 아이들이 폭력적인 아이들이 되는지를."

어쩌나? 버럭 씨, 또 걱정한다.

'아, 나는 애들이 아파트에서 뛸 때마다 잡아 죽일 듯이 달려들었는데… 함께 뒹굴고 놀라고 하니….'

득구와 엄마

"소년들의 격렬한 활동성을 인정하고 있는 그대로 받아들이라. 그리고 그것을 마음껏 발산할 수 있는 안전한 장소를 마련해주라."

버럭 씨는 『남자아이 심리백과』의 이 구절을 구시렁거리는 게 요즘 버릇이다. 그리고는 득구, 진구에게 병적으로 고함을 질러댔던 걸 자책한다.

"(아파트에서) 제발 뛰지 말란 말야. 가만히 못 있나?"

하지만 생각해보면 어쩔 수 없는 노릇이다. 몇 번의 짧은 여행 때를 제외하고 득구는 태어나서 지금까지 단 하루도 아파트를 벗어난 적이 없다. 더구나 여덟 살 이전까지는 혼자서 아파트 밖을 나간 적도 거의 없다. 아파트는 득구에게 사실상 이 세상의 모든 공간이었다. 그렇게 울타리를 쳐놓고 그것을 의식하지 못하는 아이에게 소년으로서의 본능은 아랑곳없이 울타리 안의 통제된 행동을 원해왔던 셈이다.

그런데 득구에게 아파트만큼 이 세상의 모든 것이었던 또 하나가 있다. 바로 '엄마' 다. 직업을 가진 엄마라, 함께 있는 절대 시간은 모자랐지만 정말이지 그 애에게 모든 걸 쏟아 부었던 엄마였다.

온몸으로 번져가는 아토피 치료를 위해 일주일의 7일을, 하루 2시간씩 씻고 바르고 비닐로 싸고 또 벗겨서 씻겼던 엄마였다. 그런데 그 엄마가 어느 날 갑자기 돌아서 버렸다. 네 살 아래 동생 진구에게로 마음이 날아가 버렸다.

> 어머니는 사랑을 주고, 사랑을 베풀며, 따뜻하게 감싸 안아주는 대지와 같은 존재다. 어머니에게 사랑받는다는 것은 아이 자신이 살아 있음을, 그리고 안전한 집에 있음을 의미한다. 어린 아이는 인생에서 가장 중요한 첫 번째 시기에 뭐든 감싸주고, 보호해주고, 보살펴

주는 어머니를 경험한다.

—에리히 프롬

하지만 득구는 어느새 둘 중의 하나인 존재가 됐고, 오히려 덜 신경 쓰는 하나가 돼버렸다. 득구는 뭐가 뭔지 제대로 인식하지 못한 채 배회하기 시작했다. 방황이 시작됐다.

『아들 심리학』에서는 '아들과 엄마' 에 대해 이렇게 말한다.

"많은 소년들에게 어머니는 신뢰할 수 있는 유일한 사람이다. 어렸을 때 어머니와 믿음의 관계를 맺지 못한 사람은 삶의 굽이굽이마다 엄청난 상실감에 시달리게 된다. (중략) 어머니와 좋은 관계를 맺고 있는 소년들은 대개 이렇게 말한다. 엄마는 모든 일에서 거의 옳다고. 엄마가 대체로 자신을 이해해준다는 뜻이다. 그리고 엄마의 입장에서 옳은 답을 찾아준다는 것은 엄마가 아들의 감정과 자신의 감정을 구분하기 위해 상당히 노력한다는 뜻이다."

이런 경향은 득구한테서도 매번 느끼게 된다. 득구는 아빠에게는 나이가 느껴지지 않을 정도로 냉정하다. 어떨 땐 대놓고 무시할 때도 있다. 하지만 엄마에게는 그렇지 않다. 무슨 말을 해도 거의 믿는다. 거의 전적인 신뢰를 보인다. 그래서 버럭 씨는 화가 날 때도 많다.

책에서, 아이에게 엄마와의 관계는 거의 모든 것이라고 했다. 결핍된, 혹은 부족한 모자 관계 속에서 자란 아이들은 훗날 이성 관계에서도 그런 식의 부정적 의식이 작용한다는 건 상식이다.

버럭 씨가 베갯머리에서 아내에게 말한다. 멀어진 엄마로 인한 득구의 배회, 방황… 몇 년간 축적된 그런 현상이 요즘에야 때로는 냉담한, 무뚝뚝한, 때론 거칠고 폭력적인 모습으로 나타났을 수도 있지 않겠냐고. 하지만, 아내는 돌아눕는다.

"또 그 이야기냐" 고.

"나도 힘들다" 고.

…

'그런데 그게 아파트와 무슨 상관이에요?'

아내가 말한 게 아니다. 버럭 씨 스스로 자문했다.

'결국 아내의 변화가 아파트문제에 끝이 닿아 있으니까….'

'무슨 말이죠?'

'아내가 득구에게 보였던 혼신의 노력, 끝내 지쳐 떨어지게 해버린 이유 하나하나가 모두 아파트와 관련이 있죠. 아토피, 비염, 심지어 승강기 소리 공포증이나 혼자서는 아예 밖으로

나가려 하지 않았던 현상들까지….'

돌아누운 아내 곁에서 버럭 씨는 혼자 생각을 굴렸다.

득구 진구 형제

어느 날 밤.

학교에서 숙제로 낸 일기 때문에 득구가 골머리를 앓고 있었다. 그냥 일기도 아니고 '밥상 일기' 라는 희한한 숙제를 받아왔으니 딴에는…. 가족과 함께 식사하는 밥상에서 나눈 이야기를 일기로 옮긴다는 취지였다. 득구 눈치가 보였지만 그래도 아빠가 말했다.

"득구야, 오늘 저녁에 우리 꼬지 만들어 먹었잖아. 그거 써!"

그런데 이놈이 더 짜증을 내면서 소리를 질렀다.

"안 돼! 안 된단 말야. 그건 밥상에서 이야기한 게 아니잖아!"

저녁 먹을 땐 정신없이 꼬지만 먹던 놈이 이렇게 이야기를 하니… 조금만 맘에 안 들면 드러내는 득구의 왕짜증은 정말 버겁다. 대충 득구가 짜증을 내거나 화를 내는 분위기를 무시하려 해도, 꼬박꼬박 말대꾸를 하거나 달려들기 시작하면 아빠의 자제심도 서서히 흔들린다. 아빠가 나름대로 득구 편에 서서 자기 어려움을 거들어주는 말을 했는데도 아랑곳하지 않을 때는 더 그렇다.

득구의 거친 행동은 동생 진구를 대할 때 더 노골적이다. 어느덧 진구는 득구의 스트레스 분출구다.

"형아, 형아, 나랑 같이 놀아~ 응?"

"안 돼! 저리 가!"

오히려 고함을 질러버린다. 같이 놀자고 따라다니는 게 요즘 들어 더 싫은 모양이다. 버럭버럭 화를 내면서 접근을 하지 못하게 한다.

"저리 가! 저리 가란 말이야!"

사태파악 안 되는 진구가 또다시 치근대면 그때는 몸이 움직인다. 사태는 악화된다. 버럭 씨 성질이 나온다.

"방금 니, 진구 때렸나? 일로 와봐라!"

이런 노골적인 현상은 그리 오래지 않았다. 득구가 오히려 네 살 아래 진구에게 치근댔지, 대체로 외면하지 않았었다. 형제간의 이런 현상에 대해서도 『남자아이 심리백과』 같은 책을 찾아보지만, 해석은 빤하다.

"부모의 관심과 사랑을 동생에게 빼앗겨버린 형의 심리, 정서에 기인한다."

90% 공감한다. 득구 엄마도 인정하면서 말한다.

"그래서 어쩌라는 말인데? 일은 많고, 애들을 졸졸 따라다닐 수도 없는데…."

아빠도 계산해본다. 득구가 2001년 1월 출생, 진구가 2005년 10월 출생. 만 4년 9개월 만에 그간 독차지했던 관심, 사랑을 잔혹하게 뺏겨버린 득구가 이후 한 해 한 해 실체를 조금씩 느끼기 시작했을 그 상황들로 인해 얼마나 상처를 입었을지.

득구가 이제 그 상황을 거부하고 나선 셈이다. 어쩌면 방어일 수도 있다. 하지만 득구가 이렇게 자신을 마치 천덕꾸러기처럼 인식하거나, 반응행동이 거칠게 된 이유 중에는 32평형 18층 아파트라는 주거구조가 많은 작용을 하지 않았을까? 특히 거실이나 안방에서 득구, 진구가 엉겨붙어 장난을 칠 때 엄마 아빠는 거의 미쳐버린다. 중간과정 없다. 곧바로 고함을 지른다.

"가만히 안 앉아 있나?"

어쩌다 뛸 때는 아예 잡아먹을 기세다.

"어데서 뛰댕기노?"

더구나 득구는 거실을 걸어 다닐 때조차 제지를 당한다.

"니는 와 그래 쿵쿵 소리를 내면서 걷노?"

아, 그렇게 반복된 게 벌써 몇 년인가. 득구가 태어났을 때부터 지금까지 지치지도 않고 반복되고 있는 것이다. 아파트 층간소음 문제 때문에 감정의 단계전달 없이 거의 매번 곧바로 히스테리를 일으키는 부모에게, 득구가 어떻게 감정의 조절을 배울 수 있을까?

06

아파트 밖으로 돌린 눈

105
106
1004
204
203
101
201

친구의 전화

득구에게 전화가 왔다. 세상에, 처음 있는 일이었다. 마침 버럭 씨가 받았다.

"같은 반 친군데요. 득구 있어요?"

여자 아이였다.

"그래, 친구니?"

이미 친구라고 했는데….

"예! 짝이에요."

'초등학교 3학년일 건데, 똘똘하기도 하지.'

버럭 씨는 그렇게 생각하면서 자기 방에 있던 득구를 불렀다. 집 전화기를 받아든 득구.

"응."

"응."

"아니!"

이건, 줄곧 "응", 아니면 "아니"다. 어색한 모습… 끝까지 대답뿐이다. 설명도, 질문도 없었다. 나중에 들어보니, 함께 만나서 문방구를 조사하고 숙제를 해야 하는데, 그 약속을 잡는 용건이었다. 결국 짝이 시키는 대로 되면 "응", 곤란하면 "아니" 했다는 건데… 그래도 아빠는 그런 득구를 대견하게 바라봤다.

얼마 후엔 이런 일도 있었다. 아빠가 득구랑 진구랑 아파트 뒤편 놀이터에 갔는데, 아빠와 야구하던 득구가 어느새 또래 애들 딱지놀이판에 어울렸다. 없던 딱지가 어디서 생겼는지 몇 장을 들고는 득구가 하는 말.

"나랑 딱지 뜰 사람?"

어떻게 된 건지? 아마 그중 만만한 친구에게 두어 장 빌려서 몇 장을 더 땄던 모양이다.

"응? 나랑 뜰 사람 없어?"

아주 기세가 등등하다. 씩씩하기가 이를 데 없다. 그리고는 이 애, 저 애 연이어 딱지를, 애들 말대로 딱지 뜨는 게 계속됐다. 그렇게 딱지 붙은 애들이 대개 득구보다 컸다. 중간중간 득구의 성난 소리가 다시 튀어나왔다.

“이 배신자! 그렇게 비겁하게 하다니!”

버럭 씨는 궁금했지만, 가까이 가기는 좀 그랬다. 애들 노는 판에… 나중에 물었더니 득구에게 몇 장 딱지를 빌려간 애가, 나중엔 자기 딱지를 거의 다 따가서라던 이야기였다.

‘치, 어차피 지도 마찬가지면서….’

아빠는 문득 몇 년 전 득구 모습이 떠올랐다. 아직 혼자 아파트 밖을 나가지 못하던 득구의 모습. 다섯 살부터 다니던 어린이집, 여섯 살부터 다니던 유치원 외에는 득구에게 아파트 밖의 공간이란 게 머릿속에 인식되지 못하던 시절이었다. 그때 아빠는 어린이집과 유치원에 다녀오던 득구에게 틈만 나면 물어봤다.

“친구 생겼어?”

“어떤 친구가 좋아?”

“친구 이름 좀 이야기해봐~.”

졸라대듯, 몇 번을 물어봐도 득구의 대답은 힘이 없고 무성의했다.

아파트키드들의 관계 형성

"몰라!"

"모르겠어."

어떨 땐 짜증 섞인 목소리로 같은 대답을 했다. 머릿속에 형성되지 못했던 아파트 밖의 공간처럼, 득구에겐 친구도 전혀 관심 밖의 개념이었다. 그때와 비교해 지금의 비약적인 변화를 뭐라고 해야 하나? 성장? 적응? 사회화?

지금도 여전히 학교 가는 일 외에는 아빠와 함께 외출하려 하지만 득구의 이런 태도도 곧 바뀔 것이다. 시간문제겠지. 혼자서 놀이터로, 친구에게로 뛰어나가겠지. 득구의 변화가 시작됐다.

너흰 몇 평이야?

득구가 유정이를 만난 건 작년 여름이었다. 아빠의 계모임에서 지리산 대원사 펜션에 놀러갔을 때다. 득구보다 두 살이 많던 유정이와 득구의 대화가 흥미로웠다.

"야, 니넨 어느 아파트에 살아?"

"창원 동읍 00아파트"

"몇 평이야?"

"…."

우물쭈물.

득구는 그런 이야기에 익숙하지 않았다.

"야, 몇 평이냐니까? 그것도 몰라?"

득구, 할 수 없이 아빠에게 소리를 질렀다.

"아빠! 우리 몇 평이야?"

원했던 답을 듣자 유정이가 또 다른 질문을 던졌다.

"그럼 로얄층이야?"

산 넘어 산.

"…."

득구는 아예 멍해졌다.

그때, 거리를 두고 애들 이야기를 듣고 있던 버럭 씨가 친구인 유정이 아빠에게 물었다.

"무슨 질문이 저렇노? 애들이."

"너거 동네에서는 애들이 저런 이야기 안 하나? 요즘 아파트 애들 기본 아이가?"

"그기 기본이가? 도대체 무슨 이야기를 하는데?"

"사실 한 아파트 안에서 평수는 거의 비슷하니까 그렇다 치고, 애들끼리 아파트 층수를 확인하고는 서열까지 정한다 안카나. 맨 위층 로얄층 사는 애들이 형이 되고, 언니가 된다고."

그래놓고는 유정이 아빠가 껄껄껄 웃는다. 하기야 그 친구가 사는 진주 가좌동 일대는 대단위 아파트 단지다. 들어선 지도 그리 오래되지 않았고, 요 몇 년간 인기가 좋았던 곳이라 애들 노는 문화도 그럴 만하겠다 싶었다. 유정이 아빠가 덧붙였다.

"애들만 그렇나 오데! 그런 식의 대화는 어른들이 더하지. 안 그렇나?"

그러면서 옆에 있던 유정이 엄마를 쳐다봤다.

"당신은 참, 왜 날 끌어들여?"

유정이 엄마는 살짝 눈을 흘기면서도 잠시 망설이다 말문을 열었다.

"사실 애들이 평수나 층수를 이야기하는 건 그런 얘길 어디선가 들었다는 거겠죠. 빤하죠 뭐!"

뭔가 이야기가 좁혀지는 듯한 느낌.

"특히 아파트 같은 라인의 아줌마들이 모이면 수다가 장난 아니죠. 애들 교육 이야기부터 집안 가재도구 하나까지 이야기가 끝이 없죠 뭐. 그런데 애들이 지들끼리 평수를 가르고, 층수로 서열을 나누고 하는 건 사실, 문제가 있잖아요. 그런 건 결국 어른들에게서 은연중에 배우는 게 아닐까요?"

이야기 실마리가 풀리는 듯했다.

"이웃끼리도 사는 형편이 비슷한 사람들끼리 어울릴 수밖에 없거든요. 그래야 애들 학원 이야기를 해도 당장 소용이 있고, 살림살이나 심지어 옷가지 하나까지도 편하게 이야기를 풀거든요. 우리 라인에는 그래서 아래층 위층이 소파가 같다거나 장롱이 같은 경우도 많아요."

"그러다 보니 아무래도 이웃이 한정되는 거예요. 의도적으로 그렇게 하기도 하고. 처지가 영 다른 사람들끼리 어울렸을 때의 불편함을 피하려는 거죠. 결국 애들도 그런 어른들 분위기를 따라 하는 것 같애요."

그때 유정이 아빠도 거들었다.

"비슷한 사람끼리 어울려야 사실 편한 건 맞아. 결국 아파트가 그렇게 가는 것 아닌가?"

속 편한 이웃

유정이 엄마 이야기가 계속됐다. 얼굴에 홍조까지 띠었다.

"그게 애들 마음대로 안 되나 봐요. 친구들 골고루 사귄다는 게. 요즘 사는 게 그런 구조도 안 되고, 애들한테 굳이 그러겠다는 생각도 없고."

목소리까지 약간 올라갔다.

"어른들부터 그게 안 되는데요 뭐. 아파트에서 친구나 이웃을 골고루 사귄다는 게. 그게 되던가요?"

이건, 답하기 어렵지 않다.

"어렵죠!"

"그래요. 결국 그렇게 하기 싫은 이유도 있긴 하지만, 아파트에선 그러기 어려운 것 같애요. 의도적으로 이웃 폭을 넓히고, 애들에게 그러라고 하기에는요. 실제 그런 이웃을 사귀어도 불편하지 않을까요?"

"어떤 경우가 그럴까요?"

잠시 옆자리 남편 얼굴을 쳐다보고는 말을 이었다.

"애들 교육 이야기도 그렇죠. 다들 학원 이야길 하는데, 혼자서 개인교사 이야길 한다든지, 조기연수 이야길 하는 건 우습잖아요? 그 반대의 경우도 그렇고. 부자연스럽겠죠."

버럭 씨는 뭔가에 이끌린 듯, 고개를 끄덕였다. 그때 유정이 아빠도 거들었다.

"요즘 들어서는 솔직히 사정이 비슷한 사람들이 편해. 직업이나 경제력이나… 말도 통하고, 서로서로 이해도 빠르고 쉽잖아."

대화의 초점이 좀 더 좁혀진 느낌. 유정이 아빠가 계속했다.

"이웃끼리 격차가 심하면 이게 불편할 때가 많아. 대화가 합리적으로 전개되지 않거나, 어떨 땐 기본적인 예의가 전제되지 않을 때가 생기는 거야."

그는 이야기를 좀 더 발전시켰다.

"어쩌면, 요즘 아파트에서 이웃 사귀기 힘들다는 말도 다 맞는 건 아니야. 비슷한 처지의 이웃들끼리 만나는 덴 아파트가 단독보다 훨씬 쉽거든."

고정관념을 깨는 말이다. 폐쇄와 단절의 공간이라는 아파트에서 오히려 이웃 만들기가 쉽다니. 유정이 아빠가 덧붙였다.

"서너 번 아파트를 옮겼지만, 그때마다 같은 라인에서 교류했던 이웃이 있었거든."

아파트 주거에 따라 점점 변화하는 이웃관계를 새삼 확인하는 순간이었다. 자연스럽게 비슷한 계층끼리 어울려지는 이웃관계는 아파트 주거 자체의 특성이기도 하다. 물론, 같은 동에서 평수를 섞는다거나 단지 안에 별도의 임대아파트를 두는 방법으로 인위적인 계층혼합을 시도하기도 하지만 이는 일부분에 지나지 않는다. 어른들뿐만 아니라 아이들의 대인관계도 이런 구조적인 한계 속에서 형성될 수밖에 없다.

그때 불현듯 버럭 씨에게 떠오른 신문기사가 있었다. 2005년 11월 28일자 〈중앙일보〉에 났던 '웃지도 울지도 못할' 기사였다. 제목은 '임대아파트에 사는 게 창피해'.

국가인권위원회가 '주거환경의 차이가 아이들에게 주는 영향' 이라는 주제로 서울의 ㄱ임대아파트와 바로 옆 ㄴ일반아파트의 생활을 조사한 내용이었다. 먼저 18평 이하 1,000가구의 ㄱ아파트나 22평 이상 2,000여 가구인 ㄴ아파트 어린이들 모두가 ㄷ초등학교에 다닌다는 사실이 제시됐다.

> 이 학교의 한 교사는 말했다. "아이들은 서로 일반과 임대라 부르며 경계를 짓는다. 이런 구분은 임대아파트 아이들에게 상처가 된다." "일반아파트 학부모들이 임대아파트 아이들에게 드러내놓고 거부감을 보일 때도 많다." 다음은 ㄱ아파트 주민의 말이다. "시내버스 안내방송이 다음은 ㄱ아파트입니다 하고 나오면 여기 중고생들은 일부러 다음 정거장까지 가서 내리는 경우도 있어요."

협소한 계층인식

아파트 주민, 혹은 아파트키드의 계층 교류와 관련해 버럭 씨가 접했던 두 사람. 인제대 디자인학부의 오찬옥 교수와 김진애 건축가였다. 그들은 이런 아파트 주거와 대인관계에 대해 상반된 입장을 내놓았다. 흥미로운 경험이었다.

아파트에 사는 아이들의 계층인식에 대해 부분적으로 진단한 책이 김진애 건축가의 『이 집은 누구인가』이다. 김진애 씨는 결혼 후 가족들의 이사 역사를 전제한 후에 이렇게 기록했다.

"우리 아이들은 단독주택으로 이사 온 후로 명실상부한 도시의 아이들이 되었다. 그전 올림픽선수촌아파트에 살 적에 우리 아이들은 그냥 아파트 단지의 아이들이었다. 학교도 단지 안에서 다니고, 놀이도 단지 안에서 했다. 그런데 동네로 이사 온 후로 애들에게는 변화가 생겼다. 아이들의 세계가 커진 것이다. 아파트에서는 다 그만그만한 평수에 살아서 세상이 다 그만그만하다고 생각하거나, 작은 평수에 사는 애들을 마치 못사는 사람처럼 백안시하게 된다. 반면 단독주택 쪽의 동네 친구들은 그야말로 다양하다. 슈퍼집 딸, 세탁소집 딸, 건축업자 딸, 전문직 딸 등으로 배경이 다양해졌다. 어디 그뿐인가. 단칸방에 사는 친구, 남의 집 옥상에 사는 친구, 다가구주택의 건물주쯤 되는 집의 친구, 정원 넓은 단독주택에서 사는 친구도 있다."

결국 득구가 겪는, 득구에게 아파트 평수를 물어봤던 유정이가 겪는 대인관계의 한계를 적절하게 대변한 것이다.

며칠 전 버럭 씨가 아파트놀이터에서 만났던 초등학교 6학년 한 아이에게 물었다.

"같은 반 친구들이 전부 몇 명이야?"

"28명이요!"

"그중에서 단독주택에 사는 애들을 혹시 알고 있니?"

"2명인가 그래요."

기대하지 않았던, 꼼꼼한 답이었다.

"그럼, 주로 어느 아파트에 살지?"

"칠성그린이 많고예, 그다음에 대한하고 덕산에 서광, 신안 순서로 많아예!"

신기할 정도로 또록또록했다.

이 일대인 창원 동읍의 덕산과 신방, 모암마을 쪽에는 아파트 단지도 많긴 하지만, 어느 정도 농가 같은 단독주택과 혼재돼 있는데도 아이들의 거주지는 일방적으로 아파트가 많다는 것이다. 그러니 이 아이들에게 슈퍼집 딸이니 세탁소집 딸이니 하는 다양한 계층유형을 인식시킨다는 것은 어렵지 않을까.

한편, 인제대 디자인학부 오찬옥 교수는 2007년 버럭 씨와의 인터뷰에서 아파트 주거의 특성상, 계층 혼재나 폭넓은 계층인식은 어려운 일이라는 점을 강조했었다. 오히려 그가 말한 요지는 객관적으로 어려운 만큼 정부나 기관이 여기에 의도적으로 개입하려는 노력 자체가 부자연스러운 것이라는 점이었다.

"결국 주거지의 근본 목적은 그곳에 사는 사람이 편안하게 살기 위한데 있지 않겠어요? 그런데 편안하게 살아야 한다는 것과 나와는 다른 남들과 함께 살아가야 한다는 공동체적 가치는 부딪힐 수밖에 없는 거죠. 물론 정책이나 이론으로는 공동체적 삶의 필요성을 주장할 수 있고, 구체적으로 아파트 단지 안에 인위적인 계층혼합 정책을 추진할 수도 있을 거예요. 하지만 그런 노력은 아주 자연스럽게 전개되는 현실과 충돌할 수밖에 없겠죠. 결국 집은 편해야 한다는 것이고, 함께 살아가야 한다는 테마는 점점 더 추상적인 개념이 될 거라고 봐요."

앞서 유정이 엄마 아빠의 설명과 의견을 논리적으로 정의한 셈이다. 현실, 현실이라는 것이다. 오찬옥 교수의 현실론과 같은 논리를 아주 자연스럽고 편안하게 적용하며 살아가는 유정이 엄마와 아빠. 하지만 그런 논리와 생활 속에는 아이들의 협소한 계층인식 문제가 있다는 김진애 건축가의 지적. 그 간격은 생각해볼 만한 문제가 아닐까.

07

어쩔 수 없는 아파트키드

204
203
105
106
101
201
1004

혼자 있을래!

버럭 씨가 득구를 데리고 일요일마다 등산한 지 몇 달 됐다. 처음엔 창원 동읍 앞산인 정병산에 올랐고, 이어 동읍과 북면에 걸쳐 있는 백월산에 두 차례 올랐다. 생각보다 득구가 잘 따랐다. 아마, 삼각김밥에 과자 한 봉지 사들고 올라가는 재미 쪽이 더 컸을 거다. 그래서 좀 더 욕심을 냈다. 종주계획을 잡은 것이다.

동읍 뒷산인 구룡산을 거쳐 천주산, 제2금강산을 넘어 마재고개를 통해 무학산까지 매주 일요일마다 구간을 끊어 도전한다는 계획이었다. 총연장 30km가 넘는 구간이다. 갈 때마다 정말 어렵게 아이를 깨웠고, 조금이라도 오르막이 가파르면 득구가 징징 울어댔다. 하지만, 그때마다 등산 전에 슈퍼에서 구입하는 옵션을 하나씩 늘이면서 설득했다. 과자 한 봉지에 음료수 하나, 내려오는 길에 아이스크림 식이었다. 힘들게 종주를 하면서 문득 튀어나오는 득구의 감탄에 아빠가 감복하기도 했었다.

"우와, 정말 경치 좋다. 그치 아빠?"

"어떻게 이런 풍경이 있을 수 있어?"

그런 의외의 말을 득구에게 들을 때의 기분이란…. 득구에게 힘을 주는 또 다른 상황도 있었다. 등산하면서 만나는 어른들에게 득구가 한결같이 들었던 말.

"아유, 착하네~. 꼬마가 대단하구나!"

이 말에 득구는 멀찌감치 오는 등산객한테도 꼬박꼬박 인사했다. 칭찬 들으려고.

"안녕하세요!"

그렇게 만 두 달을 채워서 무학산 종주를 끝냈다. 그래서 의욕적으로 그다음에 잡았던 코스가 창원 방향의 정병산, 비음산, 대암산, 불모산 종주였다. 그런데 그 다음 주 일요일 아침. 득구가 갑자기 변했다. 아예 자는 척 눈을 감고 있다가, 계속

깨우니까 짜증을 내기 시작했다.

"이제 안 갈 거야. 다 갔잖아?"

"아니 득구 너, 간다고 했잖아? 창원 쪽으로?"

"싫어. 재미도 없고. 억지로 갔단 말야."

아, 쇼크. 하지만 버럭 씨, 다시 도전.

"그래, 그건 아는데, 약속했었잖아? 그럼 너, 등산 안 가는 대신 약속대로 태권도 도장 다닐래?"

"싫어, 그것도. 난 운동하기 싫단 말야. 컴퓨터도 그 시간에 못 하고…."

아, 기어코 컴퓨터 이야기가 나오고야 말았다.

"맨날 12시 전에 온다고 해놓고는 약속도 안 지키고. 오전엔 컴퓨터 한 시간도 못 한단 말야!"

"오후에 하면 되잖아. 그리고 무슨 운동이든 너도 하기로 했잖아?"

"싫어, 싫단 말야. 왜 억지로 해야 돼. 난 하기 싫은데!"

'아, 이거 당분간은 안 되겠군.'

버럭 씨도 더 이상 밀어붙일 수가 없었다. 당분간 소강기를 두기로 했다. 대신 버럭 씨는 그다음 몇 주 동안 혼자서 가거나 그 사이 따라다니고 싶어하던 진구를 데리고 가는 방법으로 득구를 자극했다. 그 자극이 통했던지, 아니면 요즘 부쩍 "태권도 도장 다녀라"는 엄마 이야기에 위협을 느낀 건지 득구는 3주 뒤부터 다시 등산을 재개했다.

다시 시작하고 처음 2주 동안은 진구와 함께 갔고, 그 뒤 일요일에는 정병산 지나 우곡사 갈림길부터 비음산 정상까지 둘이서 등산을 했다. 등산을 하면서 득구가 이런 말을 했다.

"아빠, 나 있잖아. 태권도 배우기 싫어! 안 하면 안 돼?"

듣는 버럭 씨, 안타까웠다. 요즘 들어 학교 체육 선생님이 계속 득구에게 이런 말을 했단다.

"너는 체력은 있는데, 자세가 안 나와. 끈기도 없어 보이고. 그러니 태권도라도 배워라."

선생님 이야기에 약한 득구. 엄마마저 태권도 배우는 걸 기정사실화하니 스트레스가 컸던 모양이다. 아마, 등산을 다시 시작한 이유도 태권도에 대한 압박이 컸던 것 같다. 함께 등산하는 동지로서, 아빠가 태권도 압박에서 벗어나게 해줄 희망이 된 것이다. 할 말 없어진 버럭 씨는 그러고만 말았다.

"이 녀석이, 웬일로 등산을 따라오더라 했네."

그 뒤엔 무슨 말을 하지 못했다. '일단 주변의 태권도 도장이나 한번 둘러봐야지' 싶기도 했지만, 버럭 씨 또 생각이 많아졌다. 이유는 또 다른 게 있었다.

'하기 싫어하는 애를 억지로 시킬 수 있나?'

아니, 그보다는 득구가 아예 운동을 싫어하거나, 움직이는 걸 싫어하는 스타일은 아닌데, 은연중에 집 안에서 컴퓨터를 하거나 TV를 보면서 지내려는 경향이 더욱 강하다는 것을 실감한 것이다. 득구는 분명히 말했었다.

"왜 억지로 (운동)해야 돼. 난 하기 싫은데."

"난 운동하기 싫단 말야. 컴퓨터도 못 하고."

그러고 보니 요즘 들어 주말이나 일요일에 "밖에 나가자"는 아빠의 말에 "싫어. 컴퓨터 할 거야." "TV 볼 거야"라며 단호하게 거부하는 횟수도 많아졌다. 초등학교 3학년, 머리가 굵어진 탓도 있겠지만, '집 안에서 놀고 싶다'는 자기 생각을 좀 더 분명하게 표현하기 시작한 셈이다. 결국 고층 아파트의 아이들이 보편적으로 드러낸다는 그 현상이 득구에게도 뚜렷해진 것인지 버럭 씨는 걱정된다.

나갈 기회가 적다 보니 아예 밖에 나가기가 싫어져버린 건 아닐까?

밖에 나가기 싫어!

결국 득구의 말은 이랬다.

"나, 밖에 나가서 놀기 싫어!"

집 안에 있으면서 컴퓨터 하고, TV 보고, 뒹굴면서 만화 보겠다는 거다. 득구가 내세우는 이유는 또 이랬다.

"오늘 한 시간도 못 놀았단 말야. 학교 마치고 영어학원 갔다가 피아노 갔다가."

그러니 내 맘대로, 내 편하게 놀 수 있는 시간을 달라는 건데, 이게 조금은 경향성을 띤다는 데 버럭 씨는 문제의 심각성을 느꼈다. 밖으로 나가려고 하지 않는 것이다. 놀기 위해서라도 밖으로 나가려는 애들이 있는데… 지금 이 시각, 밖에서 노는 애들 소리가 들린다. 아파트 놀이터에서, 아파트 바깥 마을 골목 곳곳에서, 얼마 떨어지지 않은 학교 운동장에서.

버럭 씨는 내심, 득구가 자기의 자유시간만이라도 밖에 나가서 다른 애들하고 어울리기를 바라는데, 득구 마음은 다른 것이다. 또래 아이들과 어울리면서 사회성이나 인성도 기르고 뛰어다니면서 신체도 발달하게 되는 건데… 이건 단지 어른 욕심에 지나지 않는 것일까.

집 안에서 시간을 보내는 득구의 행동이 컴퓨터나 TV, 만화 같은 종류의 정적인 활동으로 한정된 것도 사실, 어른 책임이다. 아파트의 구조적 한계와 연결된…. 아파트 안을 뛰어다닐 때마다, 심지어 좀 큰 소리를 내면서 걸어 다닐 때조차도 아빠는 이랬다.

"그렇게 시끄럽게 하면 밑에서 올라오잖아! 가만히 좀 앉아 있어라!"

그러니 아이들이 집 안에서 할 수 있는 놀이라는 게 컴퓨터나 TV, 책이나 만화 외에 또 뭐가 있을 수 있겠나. 팔다리나 허리, 어깨 같은 신체를 이용하는 놀이는 더군다나 찾아보기 어렵다. 그래서 주생활컨설턴트 이현숙 씨는 자신의 저서 『콘크리트 아파트에서 건강하게 사는 49가지 방법』에서 이렇게 썼다.

"운동이나 바깥 활동은 어느 정도 성격이나 습관에 영향을 받는다. 어렸을 때부터 실내 놀이에 길들여지면 기초체력이 떨어지고, 기초체력이 약해지면 혼자서 바깥 활동이 충분한 나이가 되어서도 운동을 싫어하거나 바깥에 나가 노는 것을 기피하게 된다. 운동 부족은 요즘 문제가 되고 있는 고칼로리 불균형 식생활과 맞물려 소아 성인병이나 비만으로 이어지기 쉽다."

그런데 이런 현상은 득구보다 진구에게 일찌감치 찾아왔다. 몇 달 전까진 어쨌든 밖으로 나가려고 했던 진구였다. 형이랑 아빠가 몰래 등산가면 뒤늦게 전화를 해서 이렇게 울면서 말했었다.

"아빠! 왜 난 안 데려갔어? 으응? 나 지금 거기 가고 싶어? 거기 어디야?"

심지어 엄마 아빠가 개인 일로 외출할 때도 "나도 가고 싶어! 나도 가면 안 돼?" 했던 아이였다. 그랬던 놈이 요즘은 아예 컴퓨터 앞에 죽치고 앉아, 아빠가 등산갈 때도 눈길 한 번 주지 않을 때가 많다.

이제 여섯 살인 진구. 득구보다 적어도 2~3년쯤은 일찍 집 안 놀이에 빠져드는 현상을 보이는 것이다.

"밖에 나가기 싫어!"

익숙해지는 단절

이제는 자연스럽게 튀어나오는 득구의 말.

"밖에 나가기 싫어!"

꼬맹이 진구도 덩달아 하는 말.

"안 나갈 거야. 컴퓨터 할 거야."

"나가기 싫어. 테레비 볼 거야."

아 이놈들, 이젠 데리고 나가기도 쉽지 않겠는 걸.

그런데도 버럭 씨가 기를 쓰고 애들을 데리고 나가려는 이유가 있다. 아이들이 겪을 단절, 소외에 대한 우려 때문이다. 물론 그건 버럭 씨 성격 탓도 있다. 그다지 사교적인 편이 아니면서도 그는 대인관계에서 일정한 단절, 분리, 심지어 소외되는 현상을 못 견뎌 한다. 원초적으로 그의 본성 안에 그런 두려움이 있다. 아파트 생활은 그런 두려움을 부채질했다. 난데없는 고층 생활, 승강기, 현관문 닫고 들어오면 땅에 발 디딜 일 없는 구조, 어떨 땐 바로 옆에, 아래위에 누가 사는지조차 알 수 없는 생활 같은 게 그랬다. 술에 취한 심야에 한 번씩 밖에서 바라보는 콘크리트 덩어리 속의 닭장 같은 아파트 가구들을 망연히 바라볼 때에는 더했다. 그런 본성이, 아파트로 인해 심화한 걱정이 아이들에게 표현되는 셈이다.

아파트에 대해 지극히 주관적인 그의 생각을 더욱 굳히게 되는 사례도 종종 생겼다. 얼마 전 갔었던 부산 해운대의 친구 집. 경남 사천의 황금들녘 출신인 친구는 시골 고향처럼 시원시원하고 입담도 구수했다. 톡 쏘는 말마저 친근하게 들렸다.

"말도 아이다 참! 말이가 막걸리가?"

함께 대학을 다녔던 친구는 버럭 씨 기억 속에서 막걸리 한 잔 걸친 채 시골 자취방을 찾아서 산길 들길 걷던 모습으로 각인돼 있다. 자취방에서는 새벽같이 일어나 밥그릇 딸그락거리면서 아침밥을 했었다. 그런데 해운대의 아파트를 찾았던 그날, 친구는 일찌감치 취해서 밤 11시쯤 근처 당구장에서 아에 자기 시작했다.

"내 먼저 잔다!"

특유의 멘트까지 날리면서.

한 시간쯤 당구를 치고 나서 다른 친구들은 또 다른 술집을 찾아들었고, 혼자 비틀대고 상가를 빠져나온 이 친구를 버럭 씨는 좇았다. 그런데 그 길이 처음 당구장 오던 길이 아니었다. 집으로 가는 길인 모양인데, 일찌감치 다른 아파트 단지 속으로 들어가 버렸다.

비틀비틀했지만, 술에 취해도 용케 집을 찾는 게 대부분 주당들 특징이고, 매사 분명한 친구라서 따지지 않고 조용히 따라갔다. 그 길이 묘했다. 아파트 단지와 단지 사이에 은밀하게 들어서 있는 좁은 통로, 깊은 숲속 오솔길 같은 곳이었다. 아파트 숲길인 셈이다.

30분 가까이 은밀한 아파트 숲길을 만취해 비틀거리면서도 구불구불 찾아들어가, 마침내 자기 집을 찾고 마는 친구. 버럭 씨는 놀랐다.

'진짜 대단하다.'

서글프기도 했다.

'아, 만취한 네 머릿속에도 각인된 미로였구나. 산길, 들길,

시골길 활보하던 네가 이젠 콘크리트 숲속 길에 이골이 났구나.'

친구는 자신의 집 앞에 이르러서야 안심을 한 듯 주차장 한 쪽 구석에서 토했다.

공격성과 폭력성

사실, 득구 진구가 흔히 보이는 짜증이나 공격성은 버럭 씨가 드러내는 그런 성향의 반사다. 버럭 씨가 아이들에게 화를 내면 아이들은 그렇게 감정을 푸는 걸 배울 거고, 소리를 지르면 역시 같은 방법으로 상황을 마무리하려는 의도를 배울 것이다. 그래서 요즘 부쩍 눈에 띄는 장면이 득구가 진구에게 '버럭버럭' 화를 내는 모습이나 소리를 '꽥꽥' 질러대는 모습이다.

컴퓨터 게임을 진구가 방해하거나, 자기 일에 열중해 있을 때 이를 방해하면 어김없이 짜증을 내거나 고함을 질러버린다. 다짐 잘 하는 버럭 씨, 득구의 그런 모습을 볼 때마다 다짐, 또 다짐한다.

'아, 내가 짜증내면 아이들도 짜증내는구나. 내가 화내면 아이들도 화를 내는 거고….'

그러면서 육아 관련 책마다 언급하고 있는 '폭력성을 부르지 않는 양육법' 의 몇몇 문장들을 그때마다 되뇐다.

'야단을 칠 때도 소리를 지르거나 협박을 해서는 안 된다.'

아, 이게 얼마나 어려운지….

"야! 그만 뛰어! 혼날래 너?"

예전에는 이렇게 호통을 쳤다면 바꿔야 한다.

"얼마 전에 아래층 아저씨 올라오셨던 것 기억나지? 니가 이렇게 뛰면 밑에 아저씨가 얼마나 힘들겠니? 알았지, 그만 뛰어!"

양육법 두 번째 문장.

'분노를 자제할 줄 알아야 한다.'

아이가 폭발하는 원인은 당연히 어른이 폭발하는 원인과 같다. 분노를 통제하지 못하기 때문이다. 원하는 일이 이루어지지 않거나 아이가 말을 듣지 않는다고 해서 화를 내거나 좌절해서는 안 된다는 이야기인데… 버럭 씨, 이 대목에서 또 한숨

소리 나온다.

"그래요, 나도 백 번 천 번 다짐했지요. 그런데 저에게는 그런 자제력이 너무 힘들거든요?"

실천하기 어려운 '폭력성 방지 양육법' 문장 중에는 이런 것도 있다. 최근 컴퓨터 게임에 푹 빠진 득구 진구에게 해당되는 내용이다.

'폭력적인 매체로부터 아이들을 보호하라.'

아이들은 눈으로 보는 모든 것을 흉내 내고 싶어한다.

'누가 모르나 뭐….'

TV 속 등장인물과 자신을 동일시하고, 컴퓨터 게임 속 폭력을 보면서 자신의 폭력성을 키울 수밖에 없다.

'아, 그래서 애들 TV 보는 시간, 컴퓨터 하는 시간이 길어지면 무조건 데리고 나가려고 하잖아요? 사실 아파트 안에서는 뛰지도 못하고 그것들밖에는 할 수 있는 게 거의 없거든요?'

푸념하던 버럭 씨에게 용기를 주는 기록도 없지 않았다. 〈문화일보〉 2010년 7월 10일자에 실렸던 정신과 이시형 박사의 인터뷰 기사였다. 그는 이날 세로토닌문화원 원장의 자격으로 인터뷰했다.

"세로토닌이 풍성해지면 폭력, 충동, 중독증 같은 우리 사회 병리현상을 치료할 수 있다고 믿습니다. 성폭력, 성범죄자들은 안 되는 줄 알면서도 충동을 이기지 못하고 강박적으로 범죄를 저지릅니다. 이는 충동억제 물질인 세로토닌이 부족한 탓입니다."

세로토닌은 뇌에서 분비되는 신경전달물질 중의 하나다. 대뇌피질의 예민한 기능을 억제해 스트레스와 갈등을 줄이는 것으로 알려져 있다. 격한 마음을 차분하게 해주는 것이다. 인터뷰는 이어진다.

"세로토닌 부족은 본능적 욕구가 해소되지 못할 때 생겨요. 성욕, 식욕, 군집욕 같은 거죠. 사람은 본능적 행동을 할 때 행복을 느낍니다. 중요한 것 중의 하나가 걷기입니다. 걷는 것은 원시시대부터의 인간 본능이죠. 그런데 요즘 사람들은 조금도 걸으려 하지 않고 차에 의지합니다. 세로토닌이 부족할 수밖에 없죠."

버럭 씨 눈에 확 들어온 내용은 '걷는 것' 이었다. 결국 걸어야 감정을 조절할 수 있는 세로토닌이 분비된다는 것인데, 감정이 격해지는 순간이 자주 찾아오는 아파트 안에서는 그게 쉽지 않기 때문이다. 대문 밖이나 옥상으로 자리를 옮기면서 달아오른 감정을 식힐 수 있는 단독주택과는 달리….

08

아파트 스트레스

204
203
105
106
101
201
1004

아파트의 개

‘요즘 아이들 사춘기가 아무리 빠르다지만, 득구는 아직 해당 안 될 나이인데….’

욕구불만에다가 아빠가 뭔가 강하게 시키거나 화를 내면 곧바로 반발하는 득구.

“왜 아빠 맘대로 해?”

“조용히 말하지 왜 화를 내?”

이럴 땐 어쩌면 득구 상태가 안 좋다기보다는 아빠 상태가 좋지 않을 수도 있다. 하지만 요즘처럼 득구의 강한 반발 정서는 전에는 보기 힘든 것이다. 득구가 극도로 화가 나면 눈을 부릅뜨고 아빠를 보거나, 콧김을 숨 가쁘게 내쉬면서 '씩씩' 거린다. 그때 버럭 씨는 희한하게도 화가 극도로 난 '개'를 연상하게 된다.

같은 시각, 진구는 지쳐 잠이 들었다. 여섯 살이라지만, 만 다섯 살도 되지 않은 진구. 진구도 오늘 초저녁부터 유난히 설쳐댔다. 아래층에 소리가 그대로 전달되는데도 거실, 안방에서 뛰고 구르고, 아빠 엄마가 뭐라 그러면 아예 아래층 들으라는 듯, 발로 바닥을 찍어대기까지 했다.

'콩 콩 콩'

나중엔 아예

'쿵 쿵 쿵'

결국 아빠는 진구를 통째로 끌어안고 엉덩이를 손바닥으로 때렸다.

'찰싹찰싹'

소리가 매웠다. 하지만 소용없었다. 더 화를 내고 반항하는 진구. 할 수 없이 회초리를 들었다. 아래층은 까마득히 잊은 채 바닥에다 회초리를 쳤다. 그때뿐이다. 이놈, 이제는 눈 부릅뜨고 이빨까지 간다. 아, 그 뒤에 이야기는 하기 싫다.

…

그렇게 울고불고 하다가 지쳐 잠이 들었다. 여하튼, 이놈 성질머리가 그 정도다. 버럭 씨는 오늘밤 진구를 보면서 또 연상했다. 사나운 강아지 한 마리를… 애들을 보고 무슨 황당한 개타령? 사실 따지고 보면 어떨 때 보면 애들 앞에서 화를 내는 버럭 씨 모습도 별반 다를 게 없다. 완전 '개' 다.

오늘밤처럼 진구 혼자가 아니라 득구, 진구 둘이서 거실이나 안방에서 설쳐대면 더 미친다. 그리고는 집이 떠나갈 듯 괴성을 지른다.

"이노무 새끼들! 조용히 안 하나!"

아, 이 말로는 전달이 안 된다. 그때 그의 고함은 기괴한 동물의 울음소리다.

"크아아아앙! 크아아아앙!"

그리고는 옆에 보이는 소파 베개나 그냥 베개—치사하게도—를 애들 근처로 집어던진다. 정말이지, 진짜로 그 소리가 클수록, 그 행동이 클수록 애들한테는 통한다.

"형아, 아빠 정말 무섭제?"

아, 아, 버럭 씨는 이 아파트의 평화를 유지하기 위해 애들 앞에서 개가 된다. 아빠나 애들이나 '아파트의 개' 같다.

스트레스의 노예

아침이 문제다. 스트레스에 가장 민감하게 반응할 때가 아침이다. 통제도, 여과도 되지 않는다. 그냥 그대로 표출된다. 특히 바깥 공기를 전혀 쐬지 않은 아파트의 아침은 더 그렇다. 폐쇄된 공간이 불쑥 솟아오른 스트레스를 가중시키거나 부채질한다. 나쁜 감정의 화살이 마치 당구대 위의 당구공처럼 한정된 공간을 벗어날 수 없다. 벽에 부딪히고 또 부딪혀서 결국 어느 누구에게 충돌한다.

득구와 아빠, 득구와 엄마, 엄마와 아빠는 그렇게 아침이면 곧잘 감정이 충돌한다. 누적된 스트레스의 결과이기도 하다.

8시가 돼도 일어나지 않는 득구. 어떨 땐 8시 30분이 돼도 옷 하나 제대로 입지 않은 득구를 보면서 엄마와 아빠는 일찌감치 스트레스의 노예가 된다.

"안 일어나나? 8시야, 8시!"

"야가 정신이 있나 없나? 아직 옷도 안 입고!"

이 정도면 곱다.

"일어나라! 확 고마 물 끼얹기 전에!"

버럭 씨와 아내 사이는 또 어떤가. 아침이면 말수가 더 적은 아내. 그래서 말대답이 시원찮고, 어느 때는 한마디 말도 없이 출근해버릴 때도 있다. 대개 이런 일로 버럭 씨는 아내에게 불쑥불쑥 화살을 날린다.

"뭘 물어보면 대답 쫌 빨리 하면 안 되나?"

"뭐라 카노? 아침에 바쁜데. 고마, 말 시키지 마라!"

오고 가는 말이 고울 리 없다. 그렇게 해놓고는 서로 후회할 일을 매번 반복한다. 아파트에 갇힌 스트레스다.

신경정신과 전문의인 우종민 박사는 저서 『마음력』에서 인간형을 둘로 구분했다. '콘크리트형 인간'과 '숲형 인간'.

"어떤 환경에 사느냐에 따라 인간의 뇌에 만들어지는 복잡성도 차원이 달라진다. 온종일 네모반듯한 아파트에서 네모반듯한 학교 건물로, 또 네모반듯한 상가건물의 학원으로 왔다 갔다 하는 아이들이 무엇을 보면서 자라겠는가. 이렇게 단순한 환경을 보며 자란 아이의 뇌에 복잡한 차원이 만들어지길 기대하기는 힘들다. 반면 자연에서 뛰놀며 자라는 아이는 뇌에 복잡성이 높게 만들어지므로 창의력이 높아지고 상황에 따른 대처능력이 발달하게 된다. (중략) 욕심 같아서는 콘크리트 더미를 제발 좀 부수자고 말하고 싶다. 그러나 땅도 좁고 경제 형편상 그렇게 할 수 없다면, 최소한 네모반듯한 성냥갑 모양으로는 만들지 말자고 부탁하고 싶다. (중략) 마음의 유연성을 회복하려면 숲형 인간이 되어야 한다. 이는 콘크리트형 인간과 대비되는 우리의 지향점이다."

그래서 버럭 씨는 때때로 득구를 아침 일찍 깨운다. 일요일 아침 같은 경우다.

"야, 일어나라~. 나가자! 운동하러."

물론 득구가 아빠를 따라 일어나는 건 극히 드물다. 하지만 요즘은 일요일 아침에 득구를 깨우는 데 성공하고 있다. 함께 등산을 다니는 것이다. 1층 현관을 나섰을 때, 코에, 온몸에 휘감기는 싸늘한 공기가 너무 좋다.

성냥갑 속에 갇힌 성질

득구는 아파트 안에서 걸을 때 이상하리만치 발을 쿵쿵거린다. 아래층 분들도 신경 쓰이고, 이 소리를 들으면 여간 불편해지는 게 아니다. 발뒤꿈치에 힘을 줘 걷기 때문이다. 득구는 매번 주장한다.

"조심한다고 하는 거야! 이게 조심해서 걷는 거란 말이야."

"그래도 고쳐라. 제발! 응?"

그래도 여전히 고쳐지지 않는다. 과연 득구의 주장이 진심인지, 일종의 저항인지 아빠는 헷갈린다.

동생 진구는 아파트 안에서 화가 머리끝까지 나면 아예 한

자리에서 펄쩍펄쩍 뛴다. 엄마 아빠가 가장 싫어하는 소리다. 그래서 개처럼 왈왈거리게 되는데, 그런 상황을 진구가 눈치 챈 것이다.

'쿵쿵! 쿵쿵'

진구는 씩씩거리면서 아예 머리까지 용두질해가면서 두 발에 힘을 준다. 완전히 돌아버린다. 그때부터 버럭 씨는 진짜 '개' 가 된다.

'으르르렁! 왈왈! 왈왈!'

어쨌든 애들이 요즘 즐겨 쓰는 위력시위는 발을 굴리는 것이다. 그 시위는 당연히 득구와 진구의 스트레스에서 비롯된 것일 때가 많다.

"소년의 안에서 성장하는 분노와 폭력을 막을 수 있는 대안은 소년의 내면세계에 관심을 갖는 것이다."

책에서 읽었던 구절을 주문처럼 외우지만, 버럭 씨 얼굴은 이미 일그러지고, 고함은 용수철처럼 튕겨 나가버렸다. 평소에 했던 이성적인 걱정도 그때 머릿속에는 온데간데없다.

'이제 열 살인 득구, 여섯 살인 진구에게 아파트라는 공간적 제약이 얼마나 불편할까' 하는 종류의 걱정. 머릿속 걱정의 자리는 온데간데없이 하얗게 비고 이제는 윽박지를 충동으로 채워진다.

"제발! 가만히 좀 못 있나? 가만히 앉아라!"

그래서 『아들 심리학』의 다음 구절을 읽었을 때 마음이 더 아팠던 것 같다. 12장 '우리의 아들들에게 꼭 필요한 것' 중의 몇 구절이었다.

"소년들의 격렬한 활동성을 인정하고 있는 그대로 받아들이라. 그리고 그것을 마음껏 발산할 수 있는 안전한 장소를 마련해주라. 아들들에게 신경안정제를 먹이려 들지 말라. (중략) 그저 지쳐 나가떨어지게 만들어라. 활동성은 문제가 되는 것이 아니다. 10대 소년이 돼도 만나기만 하면 서로 부딪히고 밀쳐대기에 바쁘다. 그것은 소년들이 늘 사용하는 떠들썩하고 활발한 신체언어라 할 수 있다."

하지만, 이미 돌변한 아파트의 개에게는 무용지물이다. 으르렁거리고 침을 흘리며 기어코 아이들을 기죽게 만들고 풀죽게 만들어버린다. 그때 득구, 진구는 신경안정제 먹은 아이처럼 보인다.

아파트 스트레스 연구논문

아파트가 아이들의 스트레스와 어느 정도 관련이 있는지 설명해주는 자료가 마침 있었다. 건국대 강순주 교수가 심순희 연구원과 함께 2000년 2월 대한건축학회 논문집에 '초고층 및 저층 아파트의 주거환경이 유아에게 미치는 영향' 이라는 제목으로 낸 논문이다. 이 논문은 아파트 거주 층에 따르는 유아의 놀이 행태를 분석한 것으로 결과가 자못 흥미로웠다. 연구의 이론적 배경은 다음과 같이 전제됐다.

"1960년대 미국과 유럽에서는 45층이 넘는 초고층 아파트의 건설이 이루어졌으나 고층, 고밀주거에 대한 행동학적, 사회병리학적 측면의 문제가 1962년 제이콥스에 의해 제기되면서 저층 고밀주거로 주택정책이 전환됐다. (중략) 유아는 주어진 환경에 적응하면서도 자신의 환경을 적극적으로 형성하기 어렵다. 초고층 아파트는 많은 유아와 아동들에게 신경질, 피로감, 자연에 대한 무감각, 성급함, 감정의 빈곤, 공격성, 우울증 등과 같은 환경적 장애를 일으킨다는 것이 1970년대 Piperek와 Wien에 의해 입증됐다. (중략) 초고층이라는 물리적 조건에 따른 모자의 외출 제한과 그에 동반되는 모자의 밀착 과잉은 유아의 자립도 저하를 가져온다. 아동의 실내거주시간 증가는 기초 체력과 폐기능의 저하를 유발하여 호흡기 질환과 알레르기 증상의 발생비율을 높인다."

연구는 경기도 성남시 분당의 초림동 Y마을 내 저층과 고층, 초고층 혼재 단지에 거주하는 3~6세 유아의 어머니 359명을 대상으로 진행됐다. 설문조사 형식이었고, 시기는 1999년 1~2월이었다. 주거지의 층수 분포는 초고층 69.4%, 고층 이하 30.6%였다.

연구자들은 우선 유아 단독으로 외출 가능한 정도를 알아봤다. 돌연, 득구 생각이 났다. 5층 이하의 지수가 13.28, 6~10층은 11.24였다. 현격하게 차이가 났다. 11~15층은 11.46으로 다

소 불규칙한 양상을 보이다가, 16층 이상 초고층에서는 7.66으로 뚝 떨어졌다.

다음은 하루 중 유아의 실외 놀이 비율이었다. 저층은 35.7이었고, 중층은 26.33으로 낮아졌다. 이 비율 역시 고층에서는 28.75로 다시 높아졌다. 그러나 16층 이상 초고층에서는 25.66으로 현저히 떨어졌다. 결과적으로 상관관계가 있다는 것이다.

연구자들은 고층 주택의 경우 공동테라스나 옥외공간 등이 필요하다는 의견을 냈다. 이들은 또 다른 조사로 유아의 집단 놀이 비율을 추가했다. 이 역시 같은 순의 차이가 났다. 이는 어머니가 유아의 일상생활을 지켜보면서 느끼는 문제점 설문에서도 드러났다.

고층 아파트에 살수록 스트레스가 더 많아진다는 분석도 있다.

역시 건국대 건축학부 강순주 교수팀이 1994년 3~4월에 서울에 있는 초고층 아파트 거주자 중 입주 후 1년이 지난 주부들 300명을 대상으로 설문조사를 한 자료였다.

전업주부가 91.7%로 거주 층은 16층 이상(초고층)이 31.2%, 10~15층(고층)이 27.7, 5~9층(중층)이 22.3, 4층 이하(저층)가

18.8%의 분포였다.

우선 평균 주거환경 스트레스 값을 3.0으로 봤을 때, 16층 이상의 경우 소음으로 인한 스트레스가 3.35였다. 구체적으로 층간소음과 하수파이프 소음, 창문 소음 등이 내용이었다.

승강기 사고에 대한 불안감은 3.74로 스트레스 항목 중 가장 높았다. 승강기를 기다리는 시간이 길다거나 내부 범죄발생 우려 등도 포함됐다. 또 재해 시 피난경로 불안이 3.48로 나타났다.

반면, 주택구조 및 시설로 인한 스트레스는 평균 2.96으로 낮았다. 수납공간의 부족 항목도 3.53으로 높았다. 행동제약으로 인한 스트레스는 2.89로 낮았지만 노인과 어린이의 생활불편이 3.45로 높았다. 특히 높은 곳에 거주하면서 느끼는 불안은 2.14로 가장 낮았다. 심리적 압박감이나 고립감 등이 낮다는 것이다.

다음은 주거특성에 따른 주거환경 스트레스 결과다.

연령이 낮을수록, 거주 층이 높을수록, 알고 지내는 이웃이 적을수록 스트레스는 높았다. 핵심인 건강상태 분야에서는 전반적 건강상태가 1.36이었다. 연구자는 이를 기준치로 잡고 거주 층별 지수를 비교했다. 이에 비해 16층 이상 거주자의 경우 감기에 잘 걸리고(1.73), 기관지염 및 두통(각각 1.44), 근육통(1.41)을 상대적으로 많이 경험하는 것으로 나타났다. 특히 심리적 거부감과 승강기 등의 사고 우려, 주택구조 및 시설과 소음 등의 요인이 거주자의 건강에 영향을 주는 요인으로 파악됐다. 가장 큰 영향을 미치는 변인은 주거환경 스트레스와 연령 등이었다.

09

아파트로 인한 단절

204
203
105
106
101
201
1004

단절의 신호

득구 아빠 버럭 씨가 아파트에서 나고 자란 득구를 바라보는 시각은 언제나 '단절되지 않을까' 하는 우려에서 출발한다.

"득구야, 함께 안 나갈래?"

"득구야, 제발 컴퓨터 좀 그만하지 않을래?"

그래서 버럭 씨는 틈만 나면 아파트 생활이 불러오는 단절에 대해 생각한다. 반쯤 돌팔이 의사가 됐다.

버럭 씨가 보기엔 아파트가 원인이 되는 단절은 크게 두 유형이 있다. 그 두 유형은 생활 속에 나타나는 구체적인 단절 현상과 공간 그 자체가 단절의 성격을 띠는 공간유형이다. 단절 현상에 대해 먼저 보자. 이해하기 아주 쉬운 단절의 현상은 아파트 주민들이 자주 구사하는 말에서 보인다.

"왜 아파트에 사는데? 이웃 신경 쓰지 않고 자기들 편하려고 사는 거 아냐? 안 그래?"

가끔 다른 생각을 하는 사람들도 있지만, 특히 젊은 아파트 입주민들은 대부분 이렇게 말한다. 이보다는 조금 더 복잡한 현상도 있다. 진주에 사는 버럭 씨 친구의 경우다. 그는 대놓고 이렇게 말했었다.

"살림살이 서로 비슷해야 어울리는 것도 편한 거 아이가. 서로 달라봐라. 그게 얼마나 이질감을 주고 스트레스를 주는데."

인제대 오찬옥 교수도 맞장구를 쳤었다.

"애들 교육을 위해 한 아파트 안에 여러 계층을 섞어놓아야 한다고 하지만, 점점 더 분리돼가는 게 현실이에요. 사람들 자체가 그러기를 원하지 않아요?"

그 속에서 아이들은 자연스럽게 단절되고 분리되는 현실을 받아들인다. 진주 친구 부인의 말씀.

"분위기가 많이 달라요. (같은 아파트 안이지만) 아무래도 임대 쪽은 애들이 놀이터에서 노는 시간이 더 길죠. 그만큼 맞

벌이 부부가 많으니까요. 그래서 가까이 있는 일반 입주민들은 그쪽 놀이터의 소음문제를 제기해요. 자기 집 애들이 거기서 놀까 걱정도 하고….”

어디 걱정만 할까. 어떤 부모들은 드러내놓고 말한다.

“제발, 저쪽(임대동 쪽) 놀이터에 가서 놀지 말아라, 알겠지?”

당연히 그런 분위기 속에서 아이들에게는 단절 의식이 생기고, 뭔가 거리를 두어야 한다는 생각이 자리를 잡는다. 그래서 한때 득구가 진주의 유정이에게 한방 먹지 않았나.

“야, 니네 집은 몇 평이야?”

“로얄층이야?”

아주 잠깐이었지만, 그렇게 유정이와 득구는 살짝 단절됐다. 버럭 씨가 이렇게 본격적으로 아파트에 관심을 두기 시작했던 계기도 오래전 만취해 아파트 단지 안에서 그만 길을 잃었던 기억 때문이라고 했다. 그 역시 만취한 채로 비틀비틀하면서 단절을 절감하지 않았을까?

아파트 속 단절의 공간

그곳 역시 마산의 아파트였다. 아파트에 대한 버럭 씨의 기억이 가장 응축됐던 곳, 득구의 성장에 가장 결정적이었던 곳이다. 2004~5년경, 득구가 한동안 그곳 승강기의 굉음과 씨름했던 이야기는 앞에서 했다. 물론, 혼자 생각하기 좋아하는 버럭 씨, 원인도 나름대로 정리했다.

'언제나 똑같은 내부. 좁고 무거운 공기. 앞 · 뒤쪽 은회색의 금속 벽과 한없이 같은 그림이 반복되는 양쪽의 반사거울. 거울 속에 내가 있고, 또 그 속에 내가 있고, 또 한쪽에는 내 뒤통수가 있고, 또 그 안에 내 뒤통수가 있고….'

'승강기…, 승강기…?'

무거운 공기, 이웃과의 어색한 만남, 잘 모르는 이웃과 그렇게 가까이 선 채 침묵 속에 승하강하는 그 시간들. 승강기는 단절의 공간이지만, 아파트현상을 상징하는 곳이기도 하다.

승강기는 사람들이 느끼는 공포심의 두 축을 갖고 있다. 폐쇄 공포와 고소 공포. 좁은 공간이 주는 답답함, 숨 막힘은 원초적 폐쇄공포증을 가끔 살려낸다. 아파트의 고층이 으레 가져다주는 고소 공포증이 때로는 승강기를 통해서도 나타난다. 가끔 고층 아주 높은 위치에 승강기가 붕 떠 있다는 두려움이 현실화될 때도 있다. 오작동으로 순간 멈췄을 때는 공포감이 증폭된다.

그런데 아파트의 승강기가 주는 공포감은 그 안에서 만나는 사람들로 하여 더욱 커질 수도 있고, 훨씬 줄어들 수도 있다. 물론, 심야에 만나는 동승자는 그 사람을 알지 않는 한 어느 쪽이든 서로에게 두려움을 줄 수밖에 없다. 동승자끼리 인사도 없고 대화도 없이 움직이는 경우에는 그 시간이 한없이 답답하고 길 수밖에 없다. 눈 둘 곳도 마땅찮고, 조금이나마 몸을 움직이는 것도 어색하다. 각자의 아파트에서 느꼈던 한없는 단절감, 편안함은 갑작스레 급격히 좁혀진 이웃과의 위치로 인해 한순간 불편함으로 돌변한다.

하지만, 요즘 아파트 사람들은 이웃과의 관계를 개선하는 지혜를 안다. 특히 요즘은 곳에 따라 '승강기 안에서 인사합시다' 라는 식으로 좁은 공간 내의 교류를 유도한다. 그래서 한편으로는 승강기 안의 교류도 일상화돼간다.

"아유, 안녕하세요?"

"아이구 귀여워라. 몇 살이야? 이름이 뭐지?"

특히 꼬마 애들이 교류의 매개가 되는 일이 많다. 험상궂게 생긴 아이도 모두 예쁜 아이가 되고, 금방 보기에도 행동이 거친 아이가 지극히 얌전한 아이라 칭찬을 받는다. 애들뿐인가. 아줌마들 피부나 '화장빨', 옷차림도 승강기 안에서 흔히 보는, 과도한 의사표현의 주 메뉴다.

"어떻게 그렇게 피부가 고와요~. 서른이래도 되겠네!"

"그건 어디 제품이유. 나도 좀 쓰게."

종종 승강기 안 대화가 선교 쪽으로 흐르기도 한다.

"혹, 교회는 나가세요?"

철저하게 침묵하는 분위기, 과도한 의사표현이 오가는 분위기. 아직 아파트 승강기는 불편한 교류의 장소다.

극단적 단절

사람이 처할 수 있는 가장 극단적 단절상황은 어떤 것일까? 굳이 답하자면 '죽음' 이라 할 수 있지 않을까. 그것으로 당사자가 행하는 의식과 행동은 끝이 난다. 그래서 사람이 취하는 가장 극단적 단절 행동을 자살이라 할 수 있다. 자신이 주체가 되어 의도적으로 삶의 모든 것과 단절하는 것이다. 버럭 씨의 아파트 연구 메뉴 중에는 이와 관련된 것도 있었다.

영화와 논문 속에 그려진 아파트 안의 죽음. 강풀이 그린 만화 〈아파트〉나 이를 원작으로 안병기 감독이 만든 같은 제목의 영화가 포착했던 아파트의 이미지도 자살, 혹은 죽음이었다. 같은 시각 동시에 불이 꺼지는 현상이 매일 반복되고, 그 때마다 사람이 죽거나 자살한다. 하나하나의 상황이 단절과 폐쇄라는 아파트의 이미지를 바탕으로, 원한과 복수의 행태로 결국 표출된다. 인간관계의 단절과 분리의 공간인 아파트와 그 자체가 가장 극단적 단절상황인 죽음은 그래서 가상 속에서 자연스럽게 연결된다. 그러나 그건 가상 속에서 뿐만은 아니다.

지난 2005년 서울대 석사학위 논문으로 '한국인의 자살 경향' 이라는 글이 제출됐다. 1990년부터 2002년까지 12년간 한국에서 일어난 자살 경향을 성별과 연령, 직업, 지역별로 통계를 내 특징을 분석했다.

그중에서 특히 눈에 띄었던 대목이 자살방법별 분류였다. 전체적으로는 교살, 혹은 어떤 형태로든 질식사한 경우가 34.4%로 가장 많았다. 그 숫자가 모두 2만 5,015명이었다. 12년간 질식의 형태로 자살한 숫자였다. 다음이 농약 복용이었다. 24.8%에 달했다. 해당된 1만 8,044명 중 농어민이 대다수를 차지한다는 대목에서 이해가 됐다. 그 뒤가 기타 약물복용으로 16.3%였다. 추락사한 경우는 6,900명을 조금 넘어 전체의 9.6% 정도였다. 추락의 장소는 당연히 아파트가 압도적이

한 아파트 옥상 근처 계단에서 발견한 자살 관련 낙서. 장난에 그쳤기를…

었다.

그러나 이 통계의 의미는 다음의 분석에서 도드라진다. 우선, 12년간 변화를 보인 추락사의 비중이다. 추락사는 조사 첫 해인 1990년 98명(그해의 3%)에서 마지막 해인 2002년 1,337명(16%)으로 급증했다. 아파트 주거비중의 급증을 증명하는 변화였다.

다음은 추락사의 성별 비중. 특히 여성들이 추락을 선택한 경우가 2002년에 22.7%를 기록했다. 눈에 띄는 점유율이었다. 25세 미만 젊은 층의 추락사 경향이 강했던 점도 두드러졌다. 흔히 언론의 사고 보도에서 접하는 '성적을 비관한 중고교 학생의 투신자살' 사고를 일정한 현상으로 볼 수 있는 통계였다.

지역별 비교에서는 광역시군의 경우 자살방법 분포에서 질식사 다음으로 추락사가 많았던 점은 아파트의 시군별 분포 차이에 비추어 당연하다고 볼 수 있다.

10

아파트키드의 질병

204
203
105
106
101
201
1004

아토피

요즘 득구 엄마는 큰아들 득구에게 전만큼 신경을 쓰지 못한다. 둘째 진구에 비해서는 더 그렇다. 본인도 인정한다.

"나보고 뭐라 그러지 마, 제발! 옛날 생각하면 정말 치가 떨리니까."

"어휴, 내가 저거 저거, 아토피 때문에 고생한 거 생각하면 치가 떨려! 이젠 죽었다 깨어나도 그렇겐 못 해! 난!"

그래도 버럭 씨는 시비를 건다.

"그래도 당신, 요즘 득구한테 너무 무신경한 게 표시가 팍팍 나거든!"

그래도 꿈쩍 않는다.

"왜, 어때서? 인자 좀 마음 놔도 안 되나?"

듣는 버럭 씨도 더 할 말이 없어진다. 고개만 갸우뚱거린다.

'말이 되는 기가, 안 되는 기가?'

하지만, 기억을 더듬어보면 아내의 그런 태도에 수긍도 간다.

득구의 아토피… 한참 심했을 때가 진구가 태어나기 전인 2003~4년 마산의 아파트에 살 때였다. 그때 득구는 배에, 등에, 팔다리에 아토피성 피부염이 있었다. 극심하진 않았지만, 그래도 예민한 성격의 아내는 그 꼴을 보지 못했다. 병원도 가고, 한의원도 가고, 약도 바르고, 한약도 먹이고….

한순간도 손을 놓지 않았다. 그중에서도 가장 뚜렷한 기억이 있다. 아토피에 좋다는 '루이보스 차'를 온 가족이 늘 마셨던 것은 기본이었다. 게다가 매일 저녁 한 시간 이상 득구를 눕혀서 현미가루를 물에 섞어서 배와 팔다리에 발라주고, 심혈을 기울여 비닐 팩을 감아주었다. 마치 도공이 도자기를 빚듯이 정성을 들여 그랬다. 그리고 밤에는 행여 득구가 몸을 긁을까봐 잠도 제대로 자지 못했다. 그 일을 2년 이상 계속했다. 그러니 지금은 좀 자유롭게 해달라는 거다.

물론 그럴 권한이 있다면 버럭 씨도 그러고 싶다. 하지만 문제는 득구다. 아토피가 몸 구석구석을 공격하기 시작했을 때부터 득구에겐 짜증내고 칭얼거리는 버릇이 생겼다.

"치, 싫어, 싫어, 싫단 말야!"

게다가 온전히 엄마의 관심을 받던 아이가 서서히 변하는 엄마의 태도에 당황하고 불안해지면서 '욕구불만' 까지 더해졌다.

매번 하는 말.

"왜? 왜? 왜 안 되는데?"

애들이야 다 그렇다 하지만, 이건 매사에 이러니 엄마도 아빠도 점점 더 질려갔다. 그전에는 당연히 채워졌던 욕구가 해소되지 못한 탓이었다. 그렇게 세월이 흘렀다.

요즘 득구에겐 아토피가 세 곳 정도 약하게 남아 있다. 고추 밑 고환 부분과 양쪽 무릎 뒤편의 고랑이다. 물론 그것도 한 달 한 달 다르게 흔적이 약해진다. 그런데 요즘은 아토피 하면 득구보다 진구다. 이 녀석도 마산의 22층 아파트에서 태어나고 자란지라, 아토피에서 자유로울 수 없었다. 특히 다리 부분. 두세 살 때부터 발등, 정강이 부분, 무릎 뒤편 등 주로 다리에 아토피 증상이 나타났다.

"간지러, 간지러, 간지럽단 말야!"

자나깨나 긁지 말라고 나무라는 엄마에게 항상 외쳐대던 말이었다. 하도 긁어대니 엄마가 발등, 정강이를 붕대로 둥둥 감아버렸다. 그렇게 하고 승강기를 타면 이웃들이 하는 말.

"아이구, 애기가 많이 다쳤나 보네, 쯧쯧쯧…."

그러면 구구한 변명 없이,

"예…."

어설픈 대답에 이웃들은 계속 혀를 찬다. "쯧쯧쯧, 쯧쯧쯧."

이놈 요즘도 붕대는 감지 않지만, 정강이의 아토피 흉터는 그대로다.

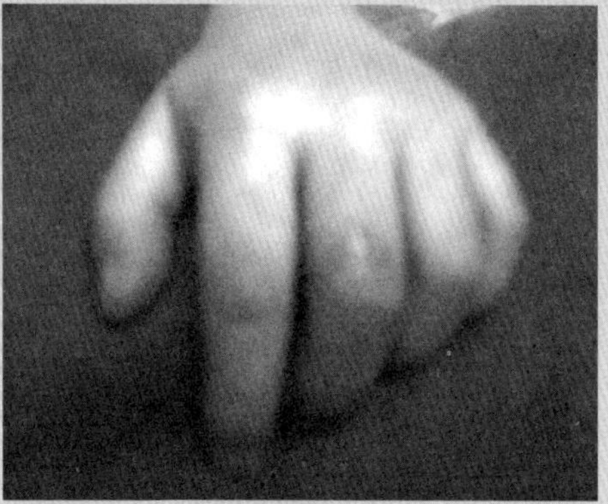

손가락에 돋아난 피부염

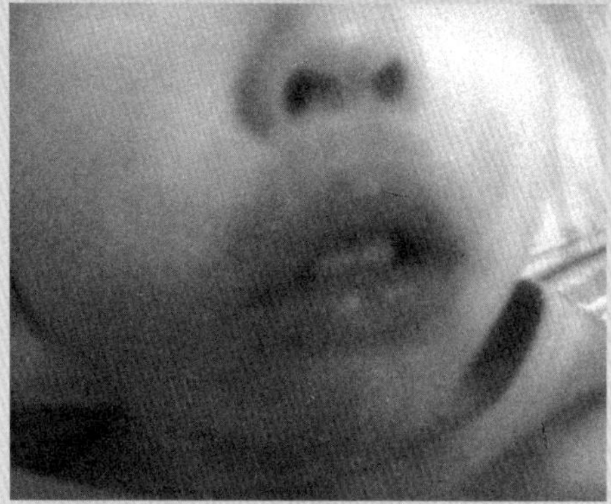

입 주변의 알레르기 흔적

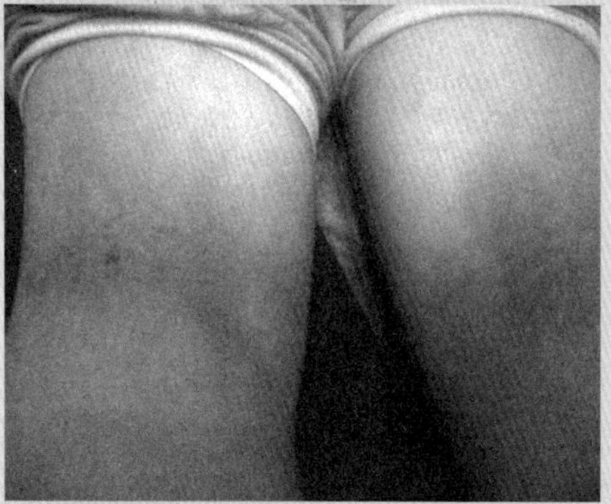

무릎 뒤도 요주의 부위다

곰팡이의 온상

한때 버럭 씨 부부는 아파트 큰방의 침대와 거실 소파를 치우는 문제로 다투었다. 둘 다 곰팡이의 온상이기 때문에 당장 치우자는 아내의 주장에 버럭 씨는 청소를 하자고 했다.

"곰팡이나 진드기가 어디 침대나 소파뿐이겠어?"

나름 알아봤던 아파트 내 곰팡이 서식처가 아파트 내부에 널렸다는 것. 그러면서 '주생활컨설턴트' 라는 독특한 직업의 이현숙 씨가 쓴 『콘크리트 아파트에서 건강하게 사는 49가지 방법』 속의 내용을 주워섬겼다.

아파트의 아이들이 흔히 아토피를 겪는 가장 큰 원인은 벽지와 바닥재 등 인테리어 마감재에서 뿜어져 나오는 포름알데히드와 유기성화합물질(VOCs)이다. 특히 새 아파트의 건축자재와 내장재에서 심하기 때문인데, 이놈들은 '새집증후군(Sick House Syndrome)' 이라는 용어를 만들어낸 주범이다.

포름알데히드는 방부제의 주재료로 나무로 된 마감재 즉, 마루 바닥재, 문짝, 창틀, 단열재 등의 합판, 보드에 반드시 들어간다. 눈과 코, 목에 자극을 주고, 기침, 설사, 어지러움과 피부질환을 불러일으킨다. 특히 천식을 앓고 있는 사람에게는 매우 해롭다. 휘발성 유기화합물의 대표 성분인 벤젠은 혈액을, 스틸렌은 신경계와 피부를, 톨루엔은 간장 신장 혈액 신경계 등을, 크실렌은 신경계를 손상시킨다. 파티클보드와 접작체, 페인트와 니스, 벽재, 단열재와 바닥용 왁스 등에 함유된 이들 성분은 피로와 두통, 구토, 현기증 등을 불러일으킨다. (중략)

지난 2004년 2월부터 당시 환경부가 전국 90개 신축 아파트를 대상으로 실내 공기 오염실태 조사를 했다. '다중 이용시설 등의 실내 공기 질 관리법' 이라는 법을 본격적으로 시

행하기 위한 조치였다. 대상은 모두 지은 지 1년이 안 된 아파트들. 그중 46.7%에 해당하는 42개 아파트에서 포름알데히드의 농도가 일본의 권고 기준치(100㎍/㎥, 1㎍=100만분의 1g)를 훨씬 초과하는 것으로 나타났다. 가장 농도가 높은 곳은 자그마치 기준의 세 배(308.5㎍/㎥)가 넘었다.

그러나 이론이 장황해지면 현실을 이길 수 없는 법. 버럭 씨 부부의 싸움은 창원 동읍 아파트로 이사를 오면서 아내의 승리로 끝났다. 안방 침대는 아예 없애버렸고, 소파는 가죽 재질로 바꿨다. 구석구석 산재하는 아토피의 원인들이야 어떻게 하겠느냐는 아내의 현실적 주장과 함께. 버럭 씨는 그래도 이현숙 씨의 분석을 간혹 주절주절 언급한다.

집먼지 진드기는 알레르기 질환을 악화시키는 가장 고전적이고 대표적인 요인이다. 요놈은 사람의 몸에서 떨어져 나온 각질 등을 먹고 사는데 주로 침대나 매트리스, 소파, 카펫 등에 많이 산다. 난방효율이 좋고 자연환기가 잘 되지 않는 아파트는 집먼지 진드기나 곰팡이류에게 아주 좋은 번식 환경을 제공한다. 난방이 좋으니 일부러 찬바람을 쐬면서까지 창을 열어 환기를 시키는 일이 드물다. 또한 콘크리트의 특성 때문에 실내가 건조해지기 쉬운데, 아이들의 감기나 호흡기 질환을 염려해 가습기를 켜두면, 이번에는 실내가 지나치게 습해져 집먼지 진드기나 곰팡이의 생육조건을 더 좋게 만들어준다. 말하자면, 여간 신경 쓰지 않으면 아토피 천식 환자들의 증상을 완화시키거나 돌보는 데는 극히 불리한 생활환경이다.

비염과 천식

득구, 진구의 병원행 원인 1번은 물론 '감기' 다. 원인 2번은 때에 따라 달랐다. 아토피가 심할 때는 당연히 그것 때문이었고, 그렇지 않을 때는 단연 '비염' 이었다. 특히 득구의 비염은 만성적인 편이어서, 전체 병원행 횟수를 원인별로 따지면 감기와 맞설 정도다. 그런데 감기든, 비염이든 발병 원인이 아파트 주거에 있다는 점은 다음 연구자료를 통해 드러난다.

주택도시연구소 백혜선 연구원과 한남대 강인호 교수가 2003년 발표한 '초고층 아파트 거주자의 건강에 관한 조사연구' 는 아파트와 질병과의 관계를 밝혔다. 대상은 경기도 A 신도시의 5개 아파트 단지로, 2001년 1년간 한 번 이상 병의원을 이용한 2,156세대 5,649명의 진료기록 1만 6,590건이 분석됐다.

우선 관심을 끈 것이 질병의 유형. 호흡기계 질환이 26.1%로 가장 많았고, 소화기계 질환, 안과질환, 피부질환 순이었다. 이는 연령대별 질병발생 특성과 같았다.

다음은 거주 층수별 질병 발생률과 질병 유형과의 상관관계. 연구진은 결론적으로 거주 층수에 따른 질병 유형의 차이는 크지 않았다고 했다. 전체 질병 중에서 호흡기계 질환이 차지하는 비율을 층수별로 보면 1~5층 사이인 저층은 30.1%, 11~15층에 해당되는 고층은 29.8%, 16층 이상 초고층은 29.7%였다. 피부질환 역시 층수별로 차이가 미미했다.

결국 이 연구의 결론은 아파트 거주자의 질병 유형. 호흡기계 질환, 소화기계 질환, 안과질환, 피부질환 등의 순으로 나타났다는 점이다.

득구는 아토피에 비염까지 앓고 있다. 진구는 지금도 아토피 상처와 감기로 인해 병원 가는 횟수가 형의 두 배다. 역시 호흡기계 질환을 달고 사는 셈이다. 버럭 씨 부부의 논쟁은 그래서 매번 되풀이된다. 역시 버럭 씨의 주장은 아파트살이에 원인이 있다는 것이다.

"유전적인 원인보다는 음식, 대기오염 같은 환경적인 요인 때문이지. 이제는 새집증후군을 일으키는 건축자재 유해물질까지! 이런 환경적인 요인들이 알레르기를 유발하거나 최소한 악화시키는 원인으로 가세하고 있기 때문이야!"

하지만 아내는 '유전적 원인' 쪽이다.

"매년 여름만 되면 몸 한 군데쯤 습진을 앓고, 겨울이 되면 건선을 해마다 겪는데 왜 당신 때문이 아니라는 거야, 응?"

매번 그렇게 논쟁을 해도 두 사람 걱정은 결국 같다. 우선은 당장 아토피나 비염으로 인해 득구나 진구가 고통을 겪기 때문이다. 하지만, 지금의 고통 자체가 장기적으로 아이들에게 바로잡을 수 없는 악영향을 주지 않을까 하는 것이 사실은 더 큰 걱정이다. 전에 비해 득구나 진구가 아토피 때문에 짜증이 많아진 건 사실이고, 맘껏 뛰어놀고 먹어야 할 나이에 둘 다 상당한 제약을 받고 있기 때문이다.

이런 연구 보고도 있다고 한다.

"알레르기 비염을 앓고 있는 아이들의 성장 실태를 조사한 결과 또래 아이들보다 키가 작거나 기억력 감퇴, 집중력 저하 등의 학습 능력 저하, 정서 불안, 소극적인 성격 등이 될 확률이 크다고 나왔다. 또 아토피 피부염을 앓고 있는 아이들은 가려움증으로 잠을 설쳐 성장호르몬이 제대로 분비되지 못함으로써 또래 아이들보다 키가 작고 편식할 우려도 높은 것으로 조사됐다."

아파트의 건강한 실내 환경은 아이의 고른 성장에도 중요한 전제라는 뜻이다. 더구나 한남대 강인호 · 최병숙 연구팀이 2000년 이후 내놓은 '주거 고층화와 아동의 신체적 병리현상에 관한 실증적 연구' 논문의 다음과 같은 내용은 아파트키드의 신체를 이해하는 데 결정적이다. 특히 이 논문에는 다음의 내용이 언급돼 있다.

"독일의 리하르트와 디트리히는 19년간에 걸친 장기간의 조사 끝에 아파트 거주자는 단독주택에 사는 사람보다 약 2배나 많이 병에 걸린다는 사실을 밝혀냈다."

11

변화

204
203
105
106
101
201
1004

아파트를 넘어서는 득구

어느 순간 득구의 변화가 감지되기 시작했다. 그건 딱히 '언제부터다' 라고 할 수 없는 것이었다. 뚜렷한 건 변화의 성격이었다. 지금까지 아파트에 갇혔던 아이가 아파트 밖으로 뛰쳐나가려는 변화였다. 순전히 버럭 씨의 판단이긴 하지만.

여덟 살 들어 혼자 아파트 밖으로 외출하기 시작했던 일, 얼마 전 학교 숙제 때문에 전화로 친구와 약속하고 나가 두어 시간 문구점 조사를 친구들끼리 했던 일… 그런 식의 전조가 있어왔다. 그 무렵 있었던 다른 일도 마찬가지였다.

"아빠, 나 있잖아, 진구랑 장난감 방에서 잘래!"

물론 없었던 일이었다.

득구는 그때까지 엄마 아빠랑 떨어져 자본 적이 없었다.

"진구가 그러려고 할까?"

"응, 그렇게 하겠대. 장난감 방에서 캠핑하자고 했거든!"

자신만만했다. 싱긍벙글하기까지 했다. 하지만 그 다음날 아침에 득구가 하는 말.

"아빠, 안 되겠어. 나 그냥 아빠랑 잘래. 잠이 안 왔어."

비록 그날 하룻밤으로 그치긴 했지만, 득구는 부모와 떨어져 자기를 시도한 셈이다. 득구의 변화를 아빠가 좀 더 확신하게 된 계기는 최근에 있었다.

득구가 다니는 학교 안에 '아람단' 이라는 단체가 있는데, 그 단체에서 주관한 수련회에 두 차례 다녀왔던 일이다. 1박 2일의 지리산행과 2박 3일의 용인 에버랜드행이었다. 출발하기 전 득구의 마음은 왔다갔다했다. 설레임 반, 두려움 반.

"정말, 가고 싶어, 아빠!" 했다가,

"아빠, 또 잠이 안 오면 어쩌지?" 했다.

용인행을 앞두고는 더 했다.

"가기 싫어, 아빠. 어떻게 하지? 우리 반 애들 아무도 안 간단 말야, 응?"

득구의 변화는 수련회를 갔다 와서 보여준 모습이었다. 두 번 다 생각보다 씩씩했다. 마치 무용담을 전하듯, 놀러 다녔던 이야기, 과자 사먹었던 이야기, 잠도 푹 잤다는 이야기를 늘어놓았다. 그리고는 자신의 변화를 아빠에게 선언했다.

"아빠! 나 있잖아, 또 가고 싶어, 수련회!"

버럭 씨가 또 생각에 잠겼다.

'이놈, 이렇게 성장하는구나. 근데, 이게 단순한 성장 과정일까? 아니면 뭔가 변화요인이 있는 걸까? 마치 콘크리트 성냥갑 속에 한 부분 웅크리고 있던 아이가 슬슬 기지개를 펴듯이….'

아파트로 파고드는 진구

여섯 살 진구는 요즘 아예 컴퓨터 앞에 산다. 자기 덩치보다 큰 의자에 반쯤 누워 마우스를 이리저리 놀리는 모습은 정말 가관이다. 그렇게 인터넷을 헤매고, 메이플 게임을 한다. 컴퓨터 작동을 응용할 수 없었던 처음 단계에서는 머리에 입력된 것만을 반복하더니, 이제는 응용할 수 있는 단계에 이르렀다.

"아빠, 비켜! 내가 컴퓨터 할 거란 말이야!"

지난 몇 달간 기계처럼 반복해서 봐왔던 게 만화 〈스펀지밥〉이었다. 방 밖으로 흘러나오던 거기가 거기인 대사 소리에 가족들이 뺑 돌아버릴 지경이었다. 그런데 그것도 바뀌었다.

"진구야, 지금 보는 건 뭐야?"

"응, 있잖아, 외계인 짐이야! 얘 아빠는 대왕이거든!"

요즘은 분명히 한 단계 수준이 높아졌다. 하루 두세 시간씩 컴퓨터를 전세 놓고는 메이플 게임을 한다. 시작 전에는 이래저래 요구를 해서 가족들을 부산하게 한다.

"형, 메이플 비밀번호 쳐줘, 응?"

"아빠, 비밀번호 한 번 더 쳐야 되는데, 쳐줘!"

그런데 문제는 지금까지 아파트 밖에 나가는데 열심이었던 진구가 컴퓨터 때문에 잘 나가려 하지 않는다는 것이다. 형이나 아빠가 밖에 나가면 무조건 따라붙던 아이였다.

"진구야, 아빠 학교 가서 운동할 건데."

"진구야, 산에 갈 건데 같이 갈래?"

그러면 "야~" 하면서 나섰던 진구였다.

그날 아침에도 그랬다. 일요일 아침 8시, 누구보다 먼저 일어나 컴퓨터 앞에 앉으려는 진구를 아빠가 돌려세웠다.

"진구야, 약속했잖아. 아빠랑~ 오늘 산에 가야지?"

"싫어. 형도 안 일어나잖아. 아빠 나 컴퓨터 해도 되지?"

대략 난감, 하지만 스치는 아이디어.

"아니, 잠깐만. 그럼 형이 산에 가면 너도 가는 거지?"

멀뚱멀뚱, 엉겁결에 머리를 끄덕이는 진구.

"좋아! 득구야 득구야 일어나라!"

결국 애들 둘 다 윗도리 아랫도리 다 챙겨 입히고 부리나케 배낭을 싸고는 집을 나서기는 했다.

진구의 변화는 득구의 경우와는 또 다르다. 역시 과정일 수 있지만, 이건 아파트 안에 점차 갇혀가는 모양새다.

'전엔 안 그랬는데. 요즘 진구가 부쩍 겁이 많아진 것도 마음에 걸리네.'

이것저것, 생각 속에서 막 끄집어내기 시작하는 버럭 씨. 요즘 두드러진 진구의 무서움증을 상기한다. 하긴, 예전 진구는 애들이 무서움을 느끼는 몇몇 소재에 대해 민감하지 않았다. 어두움, 소리, TV 속의 괴물, 유령 등등. 하지만 요즘 진구는 엄마의 '디멘토' 이야기에 완전 공황상태가 된다.

"꺄악! 엄마, 무서워!"

해리포터 시리즈를 비디오로 보고 나서부터다. 화장실 앞에도 아빠가 지키고 서 있게 한다.

'왜 부쩍 겁이 많아진 거지? 이것도 그냥 성장 과정인가? 아니면 아파트 현상인가?'

버럭 씨의 이중성

변화 속에서도 득구나 진구의 원래부터 갖고 있던 버릇은 계속됐다. 득구의 경우를 보면, 여전히 추리적 사고를 하지 않으려 한다. 뭔가 문제에 부딪혔을 때, 조금 더 정성을 들여 스스로 답을 찾아보려는 노력 말이다. 오늘 아침에도 급하게 가방을 싸면서 득구가 했던 말.

"아빠, 지난주 월요일 날 내가 뭐 했어?"

뒤늦은 일기를 쓰기 위해 하는 이 질문은 매주 두세 번씩 반복된다.

"아빠가 지난번에 분명히 말했지? 생각을 해보라고 말이야."

"아이 참, 생각이 안 난단 말야. 응? 내가 뭐 했어?"

"그 전날인 일요일 날 뭘 했는지부터 생각을 하라고. 아니면 최근 기억나는 일부터 먼저 생각하고 시간을 거슬러 올라간다든지…."

"아, 싫어! 싫단 말야. 왜 그래야 되는데?"

막무가내다. 경우가 다르지만 이런 일도 있었다. 자기 필통 안에 근사한 연필 몇 자루를 그대로 두고 몽당연필을 찾아 한 시간 가까이 헤매는 득구.

"엄마? 내 짧은 연필 못 봤어? 아빠는?"

"내가 어떻게 그걸 알아? 그렇게 짧은데, 혹시 숨어버리면 아예 못 찾을 것 아냐?"

"아니야, 찾아야 돼! 그 연필 아니면 안 돼."

"왜?"

"그게 진하게 나온단 말야."

"아니 그럼, 그 다음으로 진한 연필 쓰면 될 거 아냐? 다른 연필은 아예 안 쓸 거야?"

"몰라? 그거 써야 돼!"

물론, 이 경우는 융통성의 결여라 할 수 있다. 하지만 두 경우에서 버럭 씨가 생각하는 득구의 문제는 '생각하려는 노력'이 부족하다는 것으로 공통된다. 생각하는 힘, 마음의 힘이 약하다는 것. 다소 막연하지만 버럭 씨는 이렇게 생각한다.

'생각하는 힘이 있어야 추리할 수 있고, 그래야 처음 했던 생각에서 조금 더 물러설 수 있지 않을까?'

그리고는 또다시 아파트를 연상하는 것이다. 그게 도대체 아파트와는 무슨 상관인지? 버럭 씨는 이 대목에서 결론을 내린다.

'결국, 아파트 주거가 가지는 획일성, 폐쇄성이 득구의 생각을 일정하게 가두는 것 아닐까? 마치 득구가 시험 칠 때마다 헷갈려 하는 '바른생활' 과목과 같은 역할을 아파트 주거가 하는 거지!'

사실 초등학교 바른생활 시험 문제와 정답은 공감하기 어려울 경우가 종종 있다. 비록 내용이 똑같진 않지만 이런 식의 문제와 정답이다.

'잠자기 전까지 한 시간 정도 시간이 있다. 컴퓨터 게임과 학교 숙제 중에서 무엇을 할 것인가?'

문제집 정답은 이렇게 나온다.

'숙제를 먼저 하고 남는 시간에 컴퓨터 게임을 한다.'

이 경우 득구는 생각이 다르다.

"컴퓨터 게임부터 할 거야. 그러고 나서 숙제하고!"

"그러면 잠은?"

"꼭 10시에 자야 돼?"

자신 역시 '자유'와 '일정한 룰' 사이에서 가치 혼란을 겪는 버럭 씨! 그는 득구의 이 질문에 할 말이 없어진다. 버럭 씨 스스로도 이런 식의 제약을 받고 있다고 생각하고, 구속을 벗어나야 한다고 스스로 고대하고 있기 때문이다. 버럭 씨는 오늘, 제약과 구속의 근원을 아파트 주거로 설정하고 있다. 그리고는 자신에게, 득구와 진구에게 희망한다.

"제발, 아파트에서 벗어나자!"

조광희 화가 작 ‘아파트’

12

주변의 아파트를 둘러보니

105
106
1004
204
201
203
101
A

경남의 주택 52%가 아파트

득구가 흔히 하는 말.

"아빠, 우리 있잖아? 주택에서 살면 안 돼?"

아파트가 아닌 단독주택을 말하는 모양인데, 얼마나 스트레스를 받았으면 그럴까. 그래도 버럭 씨가 물어본다.

"왜?"

"마음껏 뛰어놀 수 있잖아!"

역시….

"근데 아빠? 이 세상에는 주택이 많아, 아파트가 많아?"

"이 세상까진 그렇고, 우리 지역 정도는 알아볼 수 있을 걸."

그래서 알아본 2009년 12월 31일을 기준으로 한 경상남도의 주택보급률 통계. 버럭 씨에겐 3년 전 같은 취재 경험이 있었기 때문에 익숙한 일이었다. 작년 말 경남의 총 주택 수는 103만 2,226호. 그중 아파트만 53만 8,751호로, 52.2%였다.* 단독주택, 연립주택, 다세대주택 등이 아파트에 대비되는 다른 형태의 주택이었다.

버럭 씨가 3년 전에 조사했던 2006년 12월 31일 기준의 통계와는 어떤 차이가 있을까? 그때는 총 주택 수가 96만 4,970호. 그중 아파트가 47만 7,215호로, 절반(49.5%)에 육박한 수준이었다. 3년 만에 아파트 점유율이 50% 선을 넘어선 것이다. 2006년 말 시 지역 아파트 점유율은 59.2%, 군 지역은 12.4%였다.

조금 더 거슬러 올라가면 추세를 더욱 생생하게 느낄 수 있다. 지금부터 10년 전인 2000년 말 통계. 당시 도내에는 86만 1,378호의 주택 중 39.4%인 33만 9,499호가 아파트였다. 정확히 9년 뒤 아파트 점유율은 52.2%가 된다.

대표적인 도시 한 곳의 통계도 흐름을 이해하는 데 도움이 된다. 경남의 대표적 아파트 도시 중의 하나인 창원시. 지금은 마산 · 진해시를 아우르는 통합시가 됐지만, 예전 창원시의 아파트 점유율 변화과정도 상징적이다.

계획도시인 창원은 처음부터 '아파트 도시'로서의 면모를 갖고 출발했다. 1995년 말 창원시의 총 주택 10만 3,514호 중에서 70.6%인 7만 3,041호가 아파트였다. 11년 뒤인 2006년 말 창원에는 아파트가 10만 호에 육박하면서 점유율 73.4%를 나타냈다. 당시 아파트 점유율이 75.6%였던 양산시 다음으로 경남에서는 아파트 비중이 높았다. 그리고 3년이 지난 2009년 12월 31일. 창원의 총 주택 수는 12만 6,892호로 늘었다. 그중 아파트만 9만 3,089호. 신기하게도 점유율은 반올림해서 73.4%로 3년 전과 같았다.

* 이 통계는 2008년 이후 다세대주택 산정방식의 변화를 적용하지 않은 것이다. 2006년과 그 이전 통계와 객관적으로 비교하기 위해서였다. 변화한 다세대주택 산정방식을 적용하면 2009년 말 경남의 총 주택 수는 117만 2,795호가 된다.

소설과 영화 속의 아파트

소설과 영화 속에 그려진 아파트는 상징과 은유에 기반을 둔 예가 많다. 아파트 생활 자체에 무감각한 주민들의 행태와 대조적이다. 물론 이는 버럭 씨만의 생각은 아니다. 그가 한때 만났던 전문가들의 분석도 이랬다.

우선, 소설 속에 묘사된 아파트의 이미지는 밝지 않다. 소설 속에서 그려진 아파트에 대해서는 버럭 씨가 2007년에 만났던 서울시립대 건축학부 박철수 교수가 많은 이야기를 해주었다.

아파트가 대중화하기 시작한 1970년대 소설 속 아파트의 대표적 이미지는 '획일성' 이었다. 작가 조정래는 70년대 그의 소설 『비탈진 음지』에서 진정으로 낯선 아파트에 대해 이렇게 썼다.

"처음 이 아파트촌을 먼발치에서 보고는 무슨 공장들이 저렇게 빽빽이 몰려 있을까 싶었다. 그런데 사람들이 그 속에서 살림을 하고 산다는 것이다. 머리 위에서 불을 때고, 그 머리 위에서 또 오줌똥을 싸고, 그 아래에서 밥을 먹고, 사람이 사람 위에 포개지고 또 얹혀서 살림을 하고 살아간다는 것이다."

그때뿐만이 아니다. 90년대에 이경자는 그의 소설 『그 매듭은 누가 풀까』에서 자신이 느낀 획일적 이미지의 아파트를 이렇게 그렸다.

"하영은 아파트 단지에 들어서서 차 댈 곳을 찾다가 불현듯 정차를 했다. 거대한 침묵의 조형물 사이에 갇힌 증세가 갑자기 그녀를 숨 막히게 했던 것이다. 기다랗게 줄지어 놓인 자동차들은 마치 주검 같았다."

2000년을 넘기며 작가 한수영은 급기야 아파트를 '잔뜩 발기한 것처럼 여기저기 솟아 있는 난수표' 라고 비유했다. 그의 소설 『공허의 1/4』이었다.

"아파트 단지는 승용차가 급정거하기 전의 상태로 돌아간다. 껍질 바깥으로 더듬이를 내민 것처럼 조금 전까지 창문으로 내밀고 있던 얼굴들도 모두 들어가 버렸다. 잔뜩 발기한 것처럼 여기저기 솟아 있는 아파트 덩어리는 다시 거대한 난수표가 된다."

보증되지 않은 재산가치, 그 가치 하나로 인간의 다양성에 배치되는 획일성과 평균성, 공간 이용의 규칙성과 균질성을 간단하게 취해버리는 아파트라는 존재를 '난수표'라고 꼬집은 것이다.

결코 밝지 않은 아파트의 이미지는 영화로 가면 더하다. 지금은 고인이 된 연세대 건축공학과 장림종 교수는 '영화 속에서 나타난 아파트 주거문화의 변화사'라는 독특한 연구를 했다. 버럭 씨로서는 놓칠 수 없는 일. 박철수 교수를 만나기에 앞서 그를 만났다.

〈오발탄〉〈지옥화〉 같은 1960년대 영화부터 70~80년대 〈별들의 고향〉〈애마부인〉, 90년대의 〈개 같은 날의 오후〉를 거쳐 2000년 이후까지 아파트를 소재로 한 여러 편의 시대별 영화들을 하나하나 꼽으면서 아파트 문화사 설명이 이어졌다.

유독 두드러졌던 것은 2000년 이후의 아파트 소재 영화들, 즉 〈플란다스의 개〉나 〈소름〉 〈아파트〉 등의 영화들이 단절과 분리, 죽음으로 상징되는 아파트의 이미지를 담았다는 점이었다.

〈플란다스의 개〉 속에서 '개'는 성대가 잘리거나 옥상에서 떨어져 죽는 모습이었고, 〈소름〉의 서울 미금아파트 504호는 30년 전의 살인사건과 최근 사망사고 현장으로 그려졌다. 그 속에서 둔하고 추한 아파트 공간은 사람들의 광기를 자극하는 존재가 된다.

장림종 교수는 그때 이렇게 말했다.

"60~70년대의 영화 속 아파트는 지금처럼 획일적이지 않았어요. 아파트 내부도 다 달랐고, 담긴 이야기나 이미지도 차이가 났죠."

2000년 이후 영화 속에서 아파트가 단절, 혹은 죽음과 코드를 맞춘 데 대해서도 덧붙였다.

"결국, 단절과 폐쇄, 익명성이라는 아파트의 이미지가 죽음이라는 극단적 단절과 연결될 수밖에 없었던 결과라고 봅니다."

‘내 집’이라는 관점

이젠 끝낼 때도 됐는데 또 뭔가 중얼거리는 버럭 씨.

“이 책요? 별거 아니에요. 단지 ‘내 집’에 대해 생각해보자는 거죠!”

“사람들은 흔히 내 집, 내 집 하잖아요? 그러면 당연히 내 집이 갖추어야 할 조건이 무엇인지 생각해야 하지 않을까요? 나에게 필요한 요건, 아내에게 필요한 요건, 아이들에게 필요한 요건 식으로요.”

그러면서 버럭 씨가 떠올리는 경험이 있다.

창원 도심의 대단위 아파트 단지 안에서 만났던 주부들 대상의 인터뷰였다.

"애들 교육 때문에 사는 거죠 뭐. 애들 고등학교 마치면 이사 가야죠. 애들 고등학교 마치거나 그 전에 특목고 진학하면 이사 가는 사람들 많다니까요?"

전통적 표현처럼 '정주 공간'으로서의 '내 집'이 아니라, '아이들을 위한 효과적인 교육거점'으로서의 '내 집'이라는 것이다. 비슷한 맥락이랄까. 득구도 이런 식으로 자신의 고민을 말한 적이 있다.

"아빠, 제발 초등학교 마칠 때까지만이라도 이사 안 가면 안 돼?"

버럭 씨 가족이 창원에서 마산의 어느 아파트로, 다시 마산에서 창원 외곽의 또 다른 아파트로 이사했던 걸 득구는 기억한다. 그래서 하는 말일 것이다. 대개 사람들은 자신이 사는 주거공간에 적응해간다. 어쩔 수 없으니까. 어른은 어른대로, 특히 아이들은 더욱 민감하게 주거공간의 영향을 받는다는 점을 그래서 간과한다.

그게 추상적으로 들린다면 한 집 안의 구성요소를 다루는 능력, 쉽게 말해 뭘 고치거나 새로 만드는 재주를 생각해보자. 사실, 아파트의 편리함에 길들인 사람들은 뭘 하나 제대로 고칠 일이 없다. 뭘 하나 새로 만들 일도, 칠할 일도 드물다.

처음부터 손재주가 모자랐던 버럭 씨, 그런 아파트 생활 때문에 뭐 하나 아파트 세간 고칠 일이 있으면, 그래서 더 손발이 오그라든다.

"뭐해, 당신? 아직도 싱크대 문이 떨어져 있잖아?"

"아빠, 제발 화장실 변기 좀 고쳐, 응?"

허구한 날 '내 집' '내 집' 따지기 좋아하는 버럭 씨도 기본이 안 돼 있긴 마찬가지다. 김진애 건축가는 저서 『이 집은 누구인가』 마지막 장에서 집주인의 자격 중 가장 기본으로 이를 지적했다.

'문제가 생겨도 해결할 수 있을 것!'

부끄러워진 버럭 씨. 그런 식으로 자신과 득구의 입장에서 번갈아가며 중얼거린다.

"내가 갖고 있던 집에 대한 감성을 일깨우자고! 그래야 득구에게 집의 감성을 느끼게 할 것 아냐? 아는 만큼 느끼고 느낀 만큼 살 수 있다고 말이야!"

다시, 득구 엄마

아파트에 관한 한, 남편과 대화조차 하지 않으려는 득구 엄마. 대화가 논쟁이 되고 논쟁이 싸움이 됐던 예를 많이 겪었기 때문이지만, 별로 현실가치를 느끼지 못하는 게 더 큰 이유다.

"뭐? 득구 성격이나 아토피가 아파트 때문이라고?"

"그런 것도 있겠지. 하지만 그게 어떻게 절대적이겠어? 유전적인 요인도 있는 거지. 당신 피부도 안 좋잖아!"

"아 그래, 그렇다고 쳐. 그래서 어떻게 하자는 말이야? 무슨 방법이 있어? 지금 당장 단독으로 이사라도 가자는 거야 뭐야?"

그런 아내를 버럭 씨가 힘들게 앞에 앉혔다. 그리고는 자기가 쓴 『아파트키드 득구』 원고를 아내에게 내밀었다.

“그래도 말이야. 우리 이야기가 나가는 거야. 사실과 달라서는 안 될 거 아냐? 그리고 득구 진구 이야기에 대해서는 맞으면 맞다, 아니면 아니다, 뭔가 당신 입장이 실려야 되지 않겠어?”

묵묵부답….

한참을 뜸을 들이더니,

“아, 나 있잖아? 아파트 때문에 골치 아픈 거 싫거든. 이걸 꼭 읽어야 돼?”

“그래서 내가 말했잖아?”

…

그리고는 읽기 시작했다. 뭔가 화난 듯한 표정은 여전했다. 역시, 첫 부분부터 화살이 날아왔다.

“참 내, 아파트 단지 안에서 길 잃은 게 뭐 자랑이야? 그게 뭐 아파트 때문이야? 당신이 술에 취해서 그런 거지.”

또 읽어나갔다. 어찌나 빨리 읽던지, 눈에 불꽃이 튀는 것 같았다.

“참 내….”

“똑바로 알고 써! 이게 뭐야? 득구 아토피 치료할 때 몸에 발랐던 게 ‘루이보스’ 야?”

글은 곧바로 수정됐다. 아토피 치료를 위해 마셨던 차가 ‘루이보스 차’ 였고, 몸에 발랐던 건 물에 반죽한 ‘현미가루’ 였다.

‘치, 그래도 자기 이야기는 속속들이 보네….’

버럭 씨, 그렇게 생각하던 순간에 아내가 원고를 ‘탁’ 소리 나게 덮었다.

“결국 중요한 건 검증자료 아닌가? 그게 잘못됐다는 걸 증명하는 자료 말이야? 그런 것도 없이 우리 애들 이야기만 장황하게 써놓으면 뭘 해? 무슨 자랑거리야?”

“검증자료는 중간중간에 넣어놓았어. 안에 있잖아? 제대로 읽어!”

“아니! 이 정도 가지고는 모자라는 것 같은데?”

‘다 읽어보지도 않고는….’

그렇게 생각하면서도 버럭 씨는 2000년 이후 관련 학계와 업계의 연구실적이 뚝 떨어진 상황과 배경, 이와 유사한 일본의 상황 같은 걸 설명했다. 서울시립대 건축학부 박철수 교수가 이런 경향을 버럭 씨에게 지난 2007년 전한 바 있다.

"고층이나 초고층 아파트 건축이 대세가 돼버린 2000년 이후 학계나 전문기관의 비판적 연구가 급격히 줄어들었어요. 그 이유는 충분히 아실 거예요."

관련해 이현숙 씨의 2005년 발행 저서 『콘크리트 아파트에서 건강하게 사는 49가지 방법』의 참고자료 부분에는 아파트 주거와 거주자의 건강을 주제로 한 1990년대 발행 논문과 2000년 이후 발행 논문이 제시돼 있다.

- 원미연, '아파트 주거층수가 건강에 미치는 영향', 1999
- 심순희 · 강순주, '초고층 아파트 거주자의 주거환경 스트레스와 건강', 1996
- 고시환 외, '주택과 고층 아파트 주거 아동의 행동발달 상태에 대한 연구', 1993
- 박철수 외, '초고층 아파트 거주 아동의 환경적응성에 관한 연구', 1994
- 강순주 · 심순희, '초고층 및 저층 아파트의 주거환경이 유아에게 미치는 영향', 2000

부족한 근거이긴 하지만, 단적으로 비교되는 예가 된다. 특히 2001년 이후 관련 논문은 아예 찾아볼 수조차 없었다. 우리와 비슷한 일본의 사정에 대해서는 버럭 씨가 2007년 10월에 만났던 도쿄 근교 동해대 의과대학 오우사카 후미오(당시 58세, 공중위생학) 교수가 말했었다.

"조사 자체가 어려워요. 언론은 광고주와의 관계 때문에 아파트 주거 비판 기사는 아예 게재하지 않으려 하죠. 좋지 않은 것은 덮어버리려는 일본 사회의 속설도 작용한다고 봐요. 제가 아파트의 문제점을 계속 말하지만 정부는 답이 없고, 더구나 건축업계에서는 집이나 학교로 협박전화를 하는 상황이니까요."

이런 저런 설명에도, 득구 엄마의 완강한 태도는 변화가 없다.

"그래도 객관적 데이터를 매번 득구 이야기 밑에 넣어야 할 거 같아. 그러지 않고서는 의미가 없어!"

단호한 득구 엄마. 버럭 씨는 '수긍 반, 부정 반' 하는 생각이었지만, 더 말하지 않았다. 속으로만 생각했다.

'여보, 자료가 별로 없다잖아? 나도 어쩔 수가 없어.'

204
203
105
106
101
201
1004
304
A

■ 마치면서

"아파트 공화국은 이제 끝이에요. 도대체, 아파트 가격이 더 오를 것 같아요?"

"무슨 말씀? 아파트는 여전히 건재합니다. 부동산 가치가 한꺼번에 하락하는 걸 가만히 보고만 있을 정부도, 시장도 아니죠!"

말도 많고 탈도 많은 아파트. 전망도, 예측도 가지각색일 수밖에 없다. 하지만 버럭 씨는 그런 전망에 별 관심이 없다. 벗어나고 싶지만, 어떻게든 아파트에서 살아가야 하는 현실. 그래서 그 속에서 여전히 변할 줄 모르는 자신의 버럭 성질과 점점 커지는 득구의 욕구 불만에 생각이 사로잡혀 있다.

양상이나 원인이야 비슷하다. 아이들은 여전히 아파트 거실에서 뛰어다니고, 컴퓨터 앞에 앉아서 하루 몇 시간씩 도통 움직일 생각을 하지 않는다. 버럭버럭 시도 때도 없이 화를 내고, 있는 짜증 없는 짜증 되지도 않는 왕짜증을 내면서도, 아이들이 그런 성질까지 배우는 게 싫은 버럭 씨는 이러지도, 저러지도 못한 채 우왕좌왕한다. 내팽개치듯, 끝내 자포자기 상태가 된다.

"아, 이놈의 집구석…."

'집구석? 집구석이라….'

그때 불현듯 기억나는 말. 2007년 만났던 당시 대구지역 서민 주거권확보운동 단체 '주거권실현시민연대' 최병우 사무국장이 했던 말.

"다들 지 집구석이 최고로 편하잖아요. 집이 100평이든 10평이든 어쨌든 지 집이 최고 편한 거예요. 그게 타워팰리스든, 다 쓰러져가는 판자집이든…."

"결국, 사람들은 두 팔 두 다리 쭈욱 펼 수 있는 자기 집을 그렇게 그리워하는 거죠!"

그래! 버럭 씨에게나, 득구에게나 지금 사는 아파트가 가장 편해야 할 '지 집구석'이다. 지금까지는 대부분 문제의 근원을 아파트로 여기고, 어쨌든 아파트를 구실로 삼으려 했다면, 또 지금까지는 분석하고 성찰하는 눈으로 아파트를 봐왔다면, 이제부터는 그 한계를 넘는 것이다. 극복해가는 것이다.

필자로서는 모든 책임을 버럭 씨에게 떠넘긴 감이 없지 않다. 하지만 그래서 나는 조금 더 솔직해지기도 했다. 여전히 재산 가치로써 독보적 위치를 갖고 있는 아파트, 심지어 차별적 지위의 상징으로 기능하는 아파트.

이제는 그런 외형을 떠나서, 아파트 생활 자체에 대한 일상적, 객관적 시각을 가졌으면 한다. 이 책이 그런 노력에 일정한 기준을 제시할 수 있었으면 좋겠다.

2010년 10월

'아파트를 보는 또 다른 시각', 〈경남도민일보〉 2007년 7~11월 연재기사
부산MBC 초고층 아파트 재난 기획 〈섬〉, 2006
법정, 『맑고 향기롭게』, 조화로운삶, 2006
미야베 마유키, 『이유』, 청어람미디어, 2005
마이클 거리언, 『남자아이 심리백과』, 살림, 2009
댄 킨들론 · 마이클 톰슨, 문용린 옮김, 『아들 심리학』, 아름드리미디어, 2007
김진애, 『이 집은 누구인가』, 샘터, 2006
이현숙, 『콘크리트 아파트에서 건강하게 사는 49가지 방법』, 이지북, 2005
우종민, 『마음력』, 위즈덤하우스, 2007
이응수, 『아파트 경비원』, 마음의숲, 2006

박철수, 『아파트의 문화사』, 살림, 2006
장림종 · 박진희, 『대한민국 아파트 발굴사』, 효형출판, 2009
허의도, 『낭만 아파트』, 플래닛미디어, 2008
전상인, 『아파트에 미치다』, 이숲, 2009
강순주 · 심순희, '초고층 및 저층 아파트의 주거환경이 유아에게 미치는 영향', 대한건축학회지 제136호, 2000
강인호 · 최병숙, '주거의 고층화와 아동의 놀이 및 사회성 발달에 관한 실증적 연구', 대한건축학회지 제155호, 2001
백혜선 · 강인호, '초고층 아파트 거주자의 건강에 관한 조사 연구', 주택도시연구소, 2003년 8월
강인호 · 최병숙, '주거 고층화와 아동의 신체적 병리현상에 관한 실증적 연구', 대한건축학회논문집, 2001

아파트키드 득구

초판 1쇄 펴낸날 2010년 11월 18일

지은이 이일균

펴낸이 강수걸

펴낸곳 산지니

등록 2005년 2월 7일 제14-49호

주소 부산광역시 연제구 거제1동 1493-2 효정빌딩 601호

전화 051-504-7070 | **팩스** 051-507-7543

sanzini@sanzinibook.com

www.sanzinibook.com

ISBN 978-89-6545-124-2 03300

* 책값은 뒤표지에 있습니다.

* 이 도서의 국립중앙도서관 출판시도서목록(CIP)은
e-CIP 홈페이지(http://www.nl.go.kr/cip.php)에서
이용하실 수 있습니다.(CIP 제어번호 : CIP 2010003972

* 이 책은 지역신문발전기금을 지원받아 출판되었습니다.